BASTEI
LÜBBE
TASCHENBUCH

Titel auch als E-Book erhältlich

Über die Autorin:

Nicole Nau, 1963 in Düsseldorf geboren, hat dort einige Jahre als Grafik-Designerin gearbeitet, bevor sie sich in Argentinien zur professionellen Tänzerin ausbilden ließ. Heute lebt sie in Buenos Aires und ist mit dem Tango- und Folklore-Tänzer Luis Pereyra verheiratet. Sie ist in Argentinien so bekannt, dass es mehrere Briefmarken von ihr gibt. Jeden Herbst kommt sie nach Deutschland auf Tournee. Mehr über Nicole Nau und Luis Pereyra auf www.tangofolklore.com.

Für Maria, Silvan und Joshua, die mit beiden Marias auf uns warten.
Und für Brigitte, die meine große Leidenschaft für Bücher teilte.

PROLOG

Ahora con todo«, murmelt Luis und nickt mir fast unmerklich zu. Wir geben noch einmal alles. Die Bühne ist tiefschwarz. Ein Lichtkegel taucht uns in milchig gelbes Licht. Ich trage ein leuchtend rotes Satinkleid, dazu rote lange Handschuhe. Meine rehbraunen Haare habe ich zu einem Zopf gebunden. »Vamos«, signalisiert mir Luis mit einem Händedruck auf meinem Rücken. Wir tanzen den *Taquito Militar*, den Soldatenstiefel, eine Milonga, atemberaubend schnell, mit rasanten Schrittkombinationen und schwindelerregenden Drehungen. Rasend schnell hakeln sich unsere Beine bei den Ganchos ineinander, surren unsere Unterschenkel bei den Voleos in einem Halbkreis um die Achse. Es ist das berauschende Finale unserer fast zweistündigen Show.

Dann ein kräftiger Akkord. Schlusspose. Aus.

Ein Lächeln umspielt Luis' Gesicht. Aber seine dunklen Augen blitzen angestrengt. Wir sind erschöpft, doch hochzufrieden. Die 1200 Zuschauer in der Düsseldorfer Tonhalle sind noch mucksmäuschenstill. Das Orchester spielt jetzt ganz sensible Tango-Klänge, *Alma en Pena*, die schmerzende Seele. Scheinbar spielerisch führt mich Luis zu den wehmütigen Klängen vom Bühnenzentrum zur Seite, unablässig fixiert vom Lichtkegel. Eingehakt gehen wir über die Stufen hinab ins Parkett zu unseren Zuschauern und tanzen auf dem Gang zwischen den Stuhlreihen langsam dem Foyer entgegen. Ganz eng, ganz innig. Zwei Körper, miteinander und mit dem Tanz und der Musik vereint. Jetzt gibt es nichts anderes mehr als uns auf der Welt! Noch höre ich nur die sanften Klänge des Bandoneons von der Bühne, dazu das vorsichtige Klacken unserer Absätze auf dem Parkett. Doch dann beginnen einige Besucher zu klatschen, und schnell wird daraus ein tosender Applaus, der uns beide wie ein wärmender Mantel umhüllt. Ich schließe die Augen und genieße die Anerkennung. Das Klatschen ist für uns Künstler der Balsam auf unsere oft erschöpften Seelen. Es gibt uns Kraft, auch das Letzte zu wagen und immer weiterzumachen, um noch perfekter zu werden.

Ich spüre Luis' rasendes Herz an meiner Brust, fühle seinen heißen Atem in meinem Gesicht, seine nasse Stirn an meiner, und wiege mich zu dieser unvergleichlichen Mischung aus Applaus und einem Tango-Lied in seinen Armen. Wange an Wange lassen wir unsere Show mit diesem herrlichen Bad in der Menge ausklingen. Ich weiß nicht, wie lange mich Luis sanft tanzend durch die Stuhlreihen führt. Ich weiß nur, dass ich jede Sekunde von ganzem Herzen auskoste. Ich weiß, dass ich glücklich bin. Weil ich die Arme gefunden habe, in die ich für dieses Leben gehöre: Luis' Arme! Und weil ich durch dieses Leben tanzen darf und Erfolg damit habe …

KAPITEL 1

Bridge over troubled Water von Simon and Garfunkel. Ich liebe dieses Lied! Mit geschlossenen Augen höre ich auf die Musik und lasse mich vom Rhythmus bewegen. Seit Stunden tanze ich durch das Wohnzimmer der elterlichen Wohnung und bin in Gedanken ganz weit weg.

Plötzlich klirrt irgendwo ein Glas. Was ist passiert? Ich bleibe abrupt stehen und halte den Atem an. Ist etwas mit Mama?

Es ist ein kalter Oktober-Abend 1977. Ich bin 14 Jahre alt und allein zu Hause mit meiner Mutter und meiner erst eineinhalb Jahre alten Schwester Joëlle. Meine ältere Schwester Mylène ist schon 16 und darf bei einer Freundin schlafen. Papa arbeitet als Grafiker und hat immer viel zu tun. Wenn er an wichtigen Projekten arbeitet, kommt er am frühen Abend nur kurz nach Hause, sieht nach, ob alles okay ist, und verschwindet dann wieder in sein Büro in der Düsseldorfer Innenstadt. Er vertraut mir und weiß, dass ich mich immer gut um Joëlle kümmere. Denn für Mama ist das seit einiger Zeit schwierig geworden. Papa spricht nicht gern darüber. Aber alle wissen es: Mama trinkt!

Auf Zehenspitzen gehe ich leise über den Flur zu ihrem Schlafzimmer. Vorsichtig drücke ich die Klinke herunter und öffne einen Spalt weit die Tür. Mama liegt rücklings auf dem Bett. Sie trägt ein dunkles Strickkleid mit einem schicken Leopardengürtel, dazu nur noch einen cremefarbenen Pumps. Der andere liegt wie achtlos weggekickt unter einem Sessel.

Ihr halblanges dunkelblondes Haar ist unfrisiert und hängt strähnig ins Gesicht. Ihr Mund ist weit geöffnet. Sie atmet schwer.

Mama liegt schon seit drei Stunden so im Bett. Den ganzen Nachmittag hindurch hat sie im Wohnzimmer Wein getrunken. Als sie sich wieder hinlegen wollte, rief sie mich zu Hilfe. Ich habe sie vom Sofa hochgezogen, untergehakt und versucht, ins Bett zu bringen. Das war nicht einfach. Denn nach zwei Flaschen Wein hat sie immer Mühe, auf den eigenen Beinen zu stehen. Aber ich will nicht, dass sie fällt. Sie schämt sich immer sehr, wenn sie gestürzt ist, und lallt dann irgendwelche Ausreden von Schwindelattacken und zu hohen Absätzen. Mama denkt immer noch, dass niemand weiß, dass sie Alkoholikerin ist. Und weil ich will, dass sie wenigstens einen Rest von Würde behält, stütze ich sie immer, so gut es eben geht, mit ganzer Kraft.

Auch heute wollte ich ihr ersparen, volltrunken vor den Füßen der eigenen Tochter zu landen. Das sollte sie nicht auch noch erleiden müssen. Sie nicht und ich nicht. Und meine Schwestern genauso wenig. Also biss ich mir lieber die Lippen blutig, als sie fallen zu lassen. Und wirklich, ich schaffte es auch diesmal!

Ich bugsierte Mama schließlich ans Fußteil ihres Bettes, von wo sie laut stöhnend auf die Matratze plumpste. Dann saß sie da wie ein hilfloses Kind, mit ganz rührendem Blick, und sah mich noch einmal orientierungslos an, bevor sie nach hinten sackte, weich in die dicken Kissen fiel und in fast demselben Moment einschlief.

Mama wird jetzt die nächsten zwei, drei Wochen jeden Abend so im Bett liegen. Sie ist eine Quartalstrinkerin, wie Papa uns einmal erklärt hat. Das heißt, es gibt Zeiten, in denen sie trinkt, und Zeiten, in denen sie keinen Tropfen Alkohol anrührt, also »trocken« ist.

Wenn Mama nüchtern ist, ist sie die beste Mama der Welt. Sie liebt uns drei Mädchen und unternimmt viel mit uns. Wir backen zusammen, spielen Karten, nähen Kleider, toben auf den Rheinwiesen und fahren Fahrrad. Dreieinhalb Frauen, die ein super Team sind: Mama, Jahrgang 1934, schlank, schön, eine Traumfrau. Sehr gepflegt im Äußeren, sehr geschliffen im Umgang, elegant und kultiviert. Mylène, meine ältere Schwester, die nie genau weiß, was sie möchte, aber auf jeden Fall mit dem Kopf durch die Wand will. Joëlle, unser Nesthäkchen, das bei jeder Gelegenheit zu weinen beginnt. Und natürlich ich, ihre »Nicoleta«, auf die sie in diesen Phasen immer so stolz ist.

Wenn ich aus der Schule komme, nimmt sie mich als Erstes fest in die Arme und streichelt mir über den Kopf. Dann will sie wissen, was ich erlebt habe, und stellt viele Fragen: »Wie war es denn heute? Was hat der Lehrer gesagt? Hast du wieder gezeichnet?« Mama ist immer sehr geduldig, wenn ich ihr meine Klassenarbeiten zeige, und freut sich riesig über die guten Noten. Meine Bilder und Skizzen lobt sie überschwänglich, und besonders gut gelungene wie ein abgezeichnetes Wollknäuel oder die Skizze eines Hundes hängt sie in den Flur. »Du wirst bestimmt einmal Künstlerin, und dann kann ich in einer Galerie deine Bilder bewundern«, sagt Mama oft. Sie ist von Stolz erfüllt. Und das nicht nur, weil ich so gut in der Schule bin und so schön malen kann, sondern auch, weil ich so gewissenhaft auf meine kleine Schwester aufpasse, häufig den ganzen Haushalt schaffe und sogar darauf achte, dass Mylène, wenn sie spät nach Hause kommt, noch etwas zu essen bekommt. Und auch, weil ich immer aufräume, bevor Papa in der Tür steht und sich lautstark über das ganze Chaos aufregen kann.

Mama nimmt mich dann oft in den Arm, hält mich fest und fragt mich lachend: »Weißt du eigentlich, dass ich dich ganz doll lieb habe?«

Es ist unser Spiel, und ich steige sofort darauf ein und frage: »Wie lieb hast du mich denn?«

Dann legt sie mit gespielter Nachdenklichkeit den Kopf zur Seite, scheint einen Moment überlegen zu müssen und sagt schmunzelnd: »Aber, meine Nicoleta, so lieb, wie man ein so wunderbares Kind wie dich nur haben kann!«

Und schon liegen wir zwei uns selig in den Armen und halten uns fest. Ganz fest.

Aber leider ist Mama nicht immer nüchtern. Und besonders belastend für mich ist, nie zu wissen, wann ihre Trinkphase beginnt. Gut, es gibt bestimmte Anzeichen dafür, dass Mama wieder Alkohol braucht. Wenn ich aus der Schule komme und sie im Wohnzimmer sitzt, statt in der Küche für uns zu kochen, dann ist es ernst. Meistens hat sie dann auch diesen komischen Blick, und ich bin sofort hellwach. Steht in der Küche eine Weinflasche? Erzählt sie, dass sie so gern mit Wein kocht? Ich beobachte, wie sie aufsteht. Hat sie Mühe, das Gleichgewicht zu halten? Ja! Das war es dann. Es geht wieder los.

Etwas tapsig kommt sie dann auf mich zu. »Wie war dein Tag, Liebes?« Diese Frage stellt sie mir immer. Aber ich weiß längst, dass sie heute nicht an der Antwort interessiert ist, und schweige. In diesen Momenten würde sie meine Worte sowieso nicht verstehen. Ich kann an ihrem Gang, dem Tonfall ihrer Frage, der Art, wie sie sich bemüht, etwas zu kochen, an all dem kann ich sofort erkennen, ob Mama nur angesäuselt oder bereits volltrunken ist.

Und wenn sie zu tief ins Glas geschaut hat, dann scheint sie eine ganz andere Person zu sein. Im günstigsten Fall ist sie nur abweisend und mit sich selbst beschäftigt. Dann möchte sie liegen oder Musik hören oder einfach nur in Ruhe Wein in sich hineinschütten. Wie lieb sie mich hat, kann sie mir dann nicht mehr sagen. Wie auch? Ihr fallen doch die entsprechenden Wörter gar nicht mehr ein. Am liebsten möchte sie nicht gestört werden und wimmelt mich deshalb ab. In einem Tonfall, der keine Widerrede duldet, gibt sie mir Anweisungen: »Geh in den Supermarkt und kauf mir eine Flasche Wein!«

Doch das ist oft nur die Ruhe vor dem großen Sturm. Denn Mama trinkt ja weiter, und mit jedem Schluck wird sie unberechenbarer. Um der in ihr aufsteigenden Wut zu entgehen, beeile ich mich, ihr alles recht zu machen, koche, stelle meiner Schwester das Essen hin, füttere die Kleine und wasche ganz schnell ab. Dann versuche ich, aus dem Haus zu kommen, bevor Mylène geht und ich bleiben muss. Denn einer muss ja immer fürs Baby da sein. Das hat uns Papa eingebläut.

Wenn ich rechtzeitig wegkomme, versuche ich, zu einer Freundin zu gehen. Wenn niemand Zeit hat, laufe ich durch die Straßen. Ich sehe mir Schaufenster an, beobachte die Tiere am Rheinufer, spiele mit den Hunden der Nachbarin. Ich hoffe, dass die Zeit schnell vergeht und ich bald wieder nach Hause kommen kann. Dann, wenn Mama so betrunken ist, dass sie schläft, und ich den ganzen Absturz nicht miterleben muss.

Ich mag Mama nicht sehen, wenn sie volltrunken ist. Ihr Gesicht ist dann aufgequollen, und wenn sie spricht, läuft ihr Flüssigkeit aus den Mundwinkeln. Sie ist eine vollkommen andere Frau als sonst: ungerecht, grob, nicht einzuschätzen. Mal weint sie und drückt uns Kinder fest an sich. Mal brüllt sie uns grundlos an, beschimpft uns als »faules Pack« und »dumme Gören«, die ihr das Leben verdorben hätten. Mama lässt uns dann immer wissen, dass sie wegen uns ihren Beruf aufgeben musste. Sie war Filmdisponentin in einem Archiv und schwärmt davon, wie viel Freude ihr der Beruf immer gemacht habe. Sie erzählt überhaupt viel, wenn sie getrunken hat. Meist sind es schaurige Geschichten von ihrer Flucht aus dem Osten in den letzten Kriegstagen. Weil ihre Mutter damals schon tot war, musste sie ihre kleinen Schwestern in einer Schubkarre in die Freiheit schieben. Sie erzählt auch immer von dem Motorradunfall, bei dem ihre Mutter starb, und den nackten Füßen vieler toter Kinder. Was um Himmels Willen sie wo genau gesehen und erlebt hat? Ich weiß es nicht. Es sind immer nur Bruchstücke, die wir erfahren. Aber sie muss unter irgendetwas sehr leiden.

Wenn Papa dazukommt, gibt es schnell Streit. Der Ablauf ist fast immer gleich: Papa sieht, dass Mama getrunken hat, und reißt sofort die Schranktüren auf. Aufgebracht durchsucht er alles nach Weinflaschen. Wenn er eine gefunden hat, läuft er ins Bad. Augenblicke später hören wir es gluckern. Mama rennt ihm nach. Die Tür knallt zu. Erst murmeln die beiden, dann schreien sie sich gegenseitig an, wütend und verletzt zugleich. »Warum lässt du nicht die Finger von dem Zeug«, brüllt Papa. »Diese Sauferei zerstört unsere Familie, wann begreifst du das endlich!« Mama schluchzt: »Gib mir das wieder. Das gehört mir!« Wir bekommen mit, dass sie miteinander rangeln. Manchmal klirrt Glas.

Wenn Papa aus dem Bad zurückkommt, lächelt er uns an. Er will uns damit beruhigen. Aber er wirkt unsäglich erschöpft. Mama torkelt dann nur noch um uns herum oder setzt sich aufs Sofa und starrt mit glasigen Augen ins Nichts. Manchmal raunzt Papa ihr dann noch etwas zu. Sätze wie: »Das macht alles kaputt!« oder: »Was bist du nur für eine Mutter?« Dann fängt Mama an, bitterlich zu weinen und macht Papa Vorwürfe: »Du bist ja auch nie zu Hause«, und: »Ihr macht ja eh alle, was ihr wollt!«

Meist schämt sich Papa später, weil er sich hat gehen lassen. Mama dagegen kennt solche Gefühle nicht mehr. Sie ist dann gegen jeden und alles. Und es ist sinnlos, sich auf Diskussionen mit ihr einzulassen.

Papa hat daher auch schnell gemerkt, dass diese grässlichen Streitigkeiten am schnellsten vorbeigehen, wenn er sich aus der Schusslinie bringt und gleich wieder ins Büro geht. Deshalb arbeitet er in diesen Phasen grundsätzlich bis in die Nacht hinein. Ich beneide ihn. Denn er kann die schlimme Zeit im Büro verbringen. Und ich? Wo soll ich denn hin? Ich verkrieche mich Abend für Abend ins

Esszimmer an den großen Tisch und versuche, an etwas anderes zu denken als an meine betrunkene Mutter. Wenn sie im Rausch zu singen beginnt, oder besser zu kreischen, dann setze ich mir die Kopfhörer auf und lege mir eine Märchen-Kassette ein. Und dann träume ich mich davon, in eine Welt, in der ich eine schöne Prinzessin bin und in einem herrlich goldenen Kleid tanze. Ich bin dann weg, in meiner Welt, bis meine kleine Schwester mich am Arm zupft, weil sie Durst hat oder möchte, dass ich bei ihr schlafe.

Oft haben wir Glück, und Mama schläft die meiste Zeit der Trink-Tage durch. Dann ist wenigstens Ruhe. Ich sehe aber immer regelmäßig nach ihr. Denn ich habe Angst, dass sie irgendwann nicht mehr atmet und ich sie nie mehr in die Arme nehmen kann. Ich liebe meine Mutter. Auch, wenn es nicht immer leicht mit ihr ist. Aber Liebe ist nie leicht. Zumindest glaube ich das.

Mama atmet jetzt ganz ruhig. Neben dem Nachtschrank liegen die Scherben ihres Weinglases. Das muss das Klirren gewesen sein, das mich aufgeschreckt hat. Vermutlich hat sie im Rausch nach dem Glas gegriffen und es heruntergestoßen. Ich schleiche mich an ihr Bett und sammle die Scherben auf. Ich will nicht, dass Mama sich verletzt. Sie öffnet jetzt ein Auge. Ob sie mich sieht? Nein, ihr Blick ist ganz glasig. Sie ist weit weg. Ihr Atem streift mein Gesicht. Er riecht säuerlich nach Trauben. Ich hasse diesen Geruch. Warum kann Mama nicht von dem Zeug lassen? Ich werde nie verstehen, warum sie trinken muss. Auch Papa weiß es nicht. Ich habe ihn oft danach gefragt, aber nie eine Antwort bekommen. Nur ab und zu spricht er von sich aus darüber.

»Als wir uns kennenlernten, hat sie höchstens mal ein Glas Wein getrunken«, höre ich Papa dann sagen. Warum es irgendwann zwei Flaschen am Tag waren, kann sich Papa nicht erklären.

Ich sehe wieder Mama an. Vielleicht ist sie einsam an der Seite des erfolgreichen Mannes. Denn Papa ist kein normaler Grafiker, sondern Teilhaber einer berühmten Werbeagentur. Und weil er genug verdient, muss Mama nicht arbeiten, und wir können uns in bester Düsseldorfer Lage, an der noblen Rheinallee, ein großzügiges Haus mit üppigem Garten und Rheinblick-Terrasse leisten. Vielleicht hätte Mama aber lieber etwas anderes als teure Ziegel. Vielleicht hätte sie lieber einen Mann, der mehr Zeit mit ihr verbringt und ihr aufmerksam zuhört. Einen Mann, der sie abends in den Arm nimmt und mit ihr kuschelt. Obwohl sie natürlich auch allen Luxus haben will, eine Spülmaschine, eine Waschmaschine, ein Auto wie der Nachbar. Oder hätte sie einen Mann gebraucht, bei dem sie die starke, erfolgreiche Frau sein kann? Ich weiß nicht, warum Mama immer mehr Wein braucht, um das Leben ertragen zu können. Sie sagt es nie. Auch nicht in den Zeiten, in denen sie keinen Tropfen anrührt.

Ich streichle ihre dünnen weißen Arme. Sie sind ganz kalt. Arme Mama! Vorsichtig zupfe ich ihr die Decke über den immer schmaler werdenden Körper. Wenn sie es warm hat, schläft sie bestimmt bis morgen früh durch. Es wäre das Beste für uns alle.

Einen Moment lang setze ich mich zu ihr ans Bett. Eigentlich habe ich zwei Mütter und zwei Leben. Eine schöne Kindheit in einer der elegantesten Städte der Bundesrepublik, mit netten Freunden, berühmten Nachbarn wie Josef Beuys und all den interessanten Kollegen meines Vaters, mit der Modemesse und der ganzen Kunstszene, mit Schiffstouren auf dem Rhein und Familienessen auf der sonnendurchfluteten Terrasse. Und eine grausige mit durchweinten Nächten, mit Bädern, die nach Erbrochenem riechen, mit Wörtern und Sätzen, die nie hätten gesagt werden dürften, und Ängsten, die einem den Atem rauben. Eine Kindheit, die gar keine ist, weil ich nie ein sorglos spielendes Kind sein darf, sondern immer unter der Last der Verantwortung ächze. Ich will, dass diese Familie zusammenbleibt, und deshalb versuche ich, über all die Probleme den Mantel der Familienidylle auszubreiten.

Mama röchelt jetzt kurz. Ich streichle sie noch einmal. Dann stehe ich schnell auf und lösche im Schlafzimmer das Licht. Ich räume die Wohnung auf, lege meiner großen Schwester ein Zettelchen hin, damit sie sich freut, wenn sie morgen früh nach Hause kommt, und gebe der kleinen die Flasche. Ich funktioniere und mache mir selbst etwas vor. Ich will eine schöne Fassade, damit niemand sieht, wie kaputt unser Leben eigentlich ist. Am wenigsten ich.

Im Wohnzimmer blitzt wieder Papas Plattenspieler. Darüber steht seine Plattensammlung. Ich darf sie nie anfassen. Papa hat Angst, dass ich eine seiner Platten zerstöre. Wenn er wüsste, dass ich sie regelmäßig höre. Jetzt fische ich aus den glänzenden schwarzen Scheiben einen neuen Titel, *The girl from Ipanema*, und lege die Platte auf. Ich weiß nicht, wie viele Stunden ich an diesem und an vielen anderen Abenden zu Papas Platten schon getanzt habe. Rückblickend ist es mein halbes Kinderleben. Ich tanze und träume. Ich stelle mir vor, dass ich am Meer entlanglaufe, die Sonne meine Haut streichelt und die Luft nach einem nahen Getreidefeld riecht. Ich stelle mir aber auch vor, dass ich krank bin und sterben muss und alle an meinem Grab um mich weinen. Wenn ich tot bin, merken sie dann, dass es mich gibt? Es sind Momente tiefster Einsamkeit, denn wenn sich die Platte dreht, drehen sich auch die Gedanken in meinem Kopf. Die hellen und dunklen Bilder meiner Kindheit tanzen auf und ab, zum Rhythmus der Melodie: Ich muss zum Arzt und sitze allein im Wartezimmer zwischen all den Kindern, deren Mütter fest ihre Hände halten. Ich irre sonntags allein durch die Straßen und beneide meine Freundinnen, die etwas mit ihren Familien unternehmen. Ich sehe Klassenkameradinnen, die mit ihren Müttern durch die Stadt bummeln, während ich an der Haltestelle auf den nächsten Bus warte. Allein. Unbeachtet. Ein Kind, für das es nicht wirklich einen Platz gibt. Ich fühle mich nicht nur vernachlässigt. Ich fühle mich vergessen. Und je weniger jemand für mich da ist, desto mehr sehne ich mich nach Liebe und Beachtung, nach Geborgenheit und Zugehörigkeit. Und immer schneller drehe ich mich zur Musik, lasse meine Füße wie Trommelstöcke über das Parkett wirbeln, mal leise, fast zaghaft, mal fest und abrupt. Bis plötzlich Stille meinen Tanz unterbricht und statt Musik nur noch das gleichmäßige Klacken der anstoßenden Nadel zu hören ist und alles von vorn beginnt.

Erst wenn ich müde und erschöpft bin, tapse ich noch an Papas Schublade und hole mir seine Zeichenblöcke und bunte Stifte. Auf dem großen Esstisch breite ich die Papiere aus, horche kurz in mich hinein, und Augenblicke später surren die Farbspitzen über das schneeweiße Papier. Ich male alles, was ich sehe: den Blick aus dem Fenster auf die Rheinwiesen und den Fluss etwa. Ich habe dann nur Augen für die Farbnuancen, die ich aus den Stiften holen kann. Ich verliere meine Gedanken in Perspektiven, Licht und Schatten, male lachende und weinende Kindergesichter und Tänzerinnen, die in weitschwingenden prächtigen Kleidern der Wirklichkeit zu entschweben scheinen. Ich tanze und male abwechselnd, beides wie in Trance, vergesse meine röchelnde Mutter im Nachbarzimmer, die unruhig schlafende Schwester und den Vater, der sich Nacht für Nacht hinter der Fassade eines gediegenen Bürogebäudes vor der rauen Wirklichkeit versteckt. Er braucht die Arbeit, um das Leben auszuhalten. Ich aber bin 14 und brauche Farben und Tanz dazu. Sie sind meine Drogen. Wenn ich male, vergesse ich die dunklen Seiten der Welt um mich herum. Wenn ich tanze, fühle ich meine Sehnsucht nach Liebe und Geborgenheit, und mit jedem Schritt wiege ich mich in ein anderes, schöneres Leben.

KAPITEL 2

Nicole, räumst du Tisch 6 ab? Der Gast hat schon gezahlt.« Ich nicke und bahne mir den Weg durch die Reihen. Es ist Oktober 1986. Seit vier Stunden bediene ich im Café König. Ich mag den Job. Sechs Mark die Stunde, in der Regel nette Gäste und das Wichtigste: Ich habe die Nachmittags-Schicht. Da bleibt mir genug Zeit, um morgens mein Grafik-Design-Studium zu absolvieren und mich abends noch bei Team BBDO, einer der größten Werbeagenturen Deutschlands, um Entwürfe und Reinzeichnungen zu kümmern.

»Wie schaffst du das alles?«, fragen mich viele meiner Kommilitoninnen immer. Ich weiß dann nie eine Antwort. Ich bin eben gern auf Trab. Mama sagte kürzlich: »Weil du dann nicht nachdenken musst, du Tausendsassa!« Papa meinte: »Du brauchst die Abwechslung!« Ich weiß nicht, was es ist. Vielleicht eine Mischung aus beidem.

Ich jobbe seit meinem 16. Lebensjahr regelmäßig. Meistens als Kellnerin. Schon als junges Mädchen konnte ich nie genug zu tun haben. Ich wollte rund um die Uhr beschäftigt sein, um bloß keine Zeit zum Grübeln zu haben, aber natürlich auch, um aus dem Haus zu kommen. Weg von meiner Mutter und all den damit zusammenhängenden Problemen. Denn Mama und Papa verstanden sich immer weniger. 1980, ausgerechnet während meiner Abi-Phase, zog Mama aus. Es war beiden klar, dass es zusammen nicht mehr weitergehen konnte. Die Trennung verlief zwar unerwartet friedlich, war aber für uns alle doch sehr belastend. Zumal sie sich wochenlang hinzog, denn Mama fiel es schwer zu gehen, und sie schob ihren Auszug immer wieder hinaus. Als sie schließlich weg war, fühlten wir uns alle erleichtert. Endlich Frieden!

Mama wohnt seitdem in einer kleinen Zwei-Zimmer-Wohnung in Bilk. Ich besuche sie dort oft. Sie hat einen Freund, Gustaf, einen zehn Jahre älteren warmherzigen Bauingenieur, der ihr viel Halt und Geborgenheit gibt. Ich mag ihn. Das neue Glück macht sie weicher, milder. Ob sie trinkt? Sie sagt nein, aber wenn ich bei ihr bin, sehe ich genau, dass sie nicht vom Alkohol weg ist.

Papa hat neuerdings auch eine Freundin: Barbara. Sie ist zehn Jahre jünger als Mama, sehr attraktiv und lebendig. Er hat sie bei Freunden kennengelernt. Barbara ist oft bei uns und scheint ganz nett zu sein. Aber es tut mir immer weh, wenn sie wie selbstverständlich an unsere Schränke geht oder etwas in der Küche vorbereitet. Als sie einmal Mamas Lieblings-Kaffeetasse mit den goldenen Sternen in die Hand nahm, begegneten sich unsere Blicke – und sie stellte die Tasse sofort wieder weg.

Ich hoffe, dass Papa mit ihr ein ruhigeres Leben führen kann. Das wünsche ich mir auch für Mama und ihren Freund. Die gemeinsame Zeit von »Heio und May« – wie sie sich immer nannten – ist jedenfalls endgültig vorbei. Sie haben genug miteinander gelitten, lange genug für ihre Familie gekämpft. Drei gesunde Kinder, ausreichend

Geld, es hätte so schön sein können. Doch der viele Alkohol hat alles kaputt gemacht.

Mit dem Abitur in der Tasche mietete ich mir dann eine eigene Wohnung in der Altstadt. Für Papa war klar, dass ich damit auch finanziell auf eigenen Beinen stehe. Wieso, das erklärte er mir nicht. Ich merkte aber, dass ihm alles zu viel war, dass er jede Auseinandersetzung mied. Der Stress der vergangenen Jahre hatte ihm zugesetzt. Er war müde und wollte über nichts mehr diskutieren. Mit Barbara, Joëlle und der gerade geborenen gemeinsamen Tochter Anna Lena lebte er in einer neuen Familie. Und das zeigte er auch nach außen, indem er unser Haus vermietete und nach Krefeld zog.

Mylène und ich dagegen sind in Düsseldorf geblieben. Klar besuchen wir Papa in seinem neuen Heim, und wir sind dort auch immer willkommen. Aber wir haben bald den Eindruck, dass er uns nur noch als Überreste seines alten Lebens sieht. Ich fühle mich in seiner neuen Welt wie das fünfte Rad am Wagen. Und Mylène, mit der ich als Kind alles geteilt habe, braucht mich auch nicht mehr. Sie hat einen Freund und bekommt nun ein Baby. Und ich? Ich muss allein zurechtkommen. Auch finanziell. Ich will Papa um nichts mehr bitten.

Also heißt es nun, jeden Job anzunehmen, den ich bekommen kann. In der Gastronomie ist es am leichtesten. Ich bin belastbar, habe ein gutes Gedächtnis und bin nett zu den Gästen. Das mögen die Chefs. Ich arbeite wirklich viel. Nur für ein Hobby nehme ich mir trotzdem Zeit: das Tanzen. Zweimal in der Woche gehe ich zum Jazztanz, und jeden Freitag ziehe ich mit Julius und Thomas durch die Diskotheken und lasse mich von den heißen Disco-Rhythmen mitreißen. Bei Stevie Wonders *I ain't gonna stand for it* oder Michael Jacksons *Beat it* vergesse ich alles um mich herum.

Julius und Thomas sind für mich das, was man beste Freunde nennt. Wir kennen uns aus der Disco. Julius ist knapp zehn Jahre älter als ich, nicht sehr groß, mit Glatze und kreisrunder Nickelbrille. Er arbeitet als Chemie-Laborant und hat einen wunderbar trockenen Humor. Thomas ist ungefähr gleich alt wie ich, Techniker, mit dunklem Wuschelkopf und voller verrückter Ideen. Sie wohnen beide in Neuss und sind als leidenschaftliche Segler fast jedes Wochenende auf dem Rhein. Aber Segeln ist nichts für mich. Ich treffe mich lieber mit ihnen zum Kaffeetrinken und Klönen, zum Lachen und Albern, aber noch lieber eben zum Tanzen. Fast jeden Freitag ziehen wir gemeinsam los, tanzen uns in den Düsseldorfer Großdiscos richtig in Trance und vergessen alles um uns herum. Wenn mich die Jungs irgendwann in der Nacht nach Hause fahren, bin ich total erschöpft, aber innerlich satt.

»Man sieht, wie es dir mit jedem Schritt auf der Piste besser geht und der ganze Druck von dir abfällt«, sagt Julius oft. Er hat recht damit. Wenn ich mich bewege, reinige ich mich. Von Anstrengung und Müdigkeit, aber auch von all dem Müll, der die Poren meiner Seele Tag für Tag aufs Neue verstopft. Neid am Arbeitsplatz, geplatzte Lieben, das ständige Hin und Her in meiner Familie. Deshalb suche ich jede Möglichkeit zu tanzen: Jazzdance, Disco-Rhythmen – und ab heute Abend auch noch Tango. Denn ich habe mich mit Julius zum Tango-Unterricht verabredet! Deshalb mache ich heute früher

Schluss und gehe schnell nach Hause, um mich umzuziehen. Ich bin so gespannt, was uns erwartet. Tango? Ich weiß nicht viel darüber.

El Choclo, der Maiskolben, ist die einzige Tango-Nummer, die ich kenne. Ich summe sie heute schon den ganzen Tag. Genauer gesagt, summe ich sie seit vorgestern, denn da ist etwas Merkwürdiges passiert. Ich hatte meine erste Begegnung mit dem Tango. Das Thema fiel mir förmlich vor die Füße. Klingt komisch? Ist aber wahr!

Ich kam von meinem Job bei Team BBDO und rannte über den Karlsplatz, als mich etwas am Schuh störte. Ein Stück Papier hatte sich am Absatz verheddert. Ich zog es ab und wollte es gerade achtlos zusammenknüllen, als mir das Wort »Tango« ins Auge sprang. Es war schon dunkel, und ich musste erst unter die nächste Straßenlaterne gehen, um den Text lesen zu können: »Tango vom Río de la Plata« stand da, gedruckt in einer betont altmodisch wirkenden, schnörkeligen schwarzen Schrift auf gelblich-braunem Papier. Darüber war dick geschrieben: »Unterricht in der Binterimstraße«.

Die Binterimstraße ist in Bilk und nicht weit entfernt von meiner Wohnung, dachte ich mir. Dort ist also eine Tangoschule. Ich atmete die kalte Luft tief ein und schloss für einen Moment die Augen. In meinem Kopf ging ein Vorhang auf. Ich sah eine Bar im Dämmerlicht, mit roten Samtpolstern und schwarzen Thonetstühlen. Die Frauen waren elegant zurechtgemacht im 20er-Jahre-Look mit feuerroten Taftkleidern. Dazu trugen die Männer graue Zweireiher mit Nadelstreifen, passende Menjou-Bärtchen und gegelte Haare. Paare, die alle aussahen wie Ginger Rogers und Fred Astaire in einer Paraderolle. Wange an

Wange schoben sie sich durch den Saal, begleitet von melancholisch klingender Geigenmusik. In meiner Vorstellung verband ich mit Tango eine Traumwelt zwischen Strumpfband und Netzstrümpfen, zwischen Halbwelt und Scheinwelt. Wie spannend!

Ich will Tango tanzen. Und am liebsten mit Julius. Er hat ein gutes Rhythmus-Gefühl. Zu Hause rufe ich ihn an. Er macht mit!

*

»Psst, warte! Hier muss es sein!« Ich ziehe Julius am Arm zu einem großen dunkelgrün lackierten Eisentor.

Es ist kurz vor acht Uhr abends und schon stockdunkel. Wir stehen vor einem lang gestreckten Backstein-Mietshaus. Eine kleine Lampe taucht den Eingang in warmes gelbes Licht. An dem riesengroßen alten Eingangstor zum Hinterhof ist die weiße Farbe abgeblättert. Der zerbeulte Briefkasten nebenan ist unsortiert mit Namensschildchen beklebt. An der unteren Klingel steht »Studio«. Hier wird also Tango unterrichtet. Was uns wohl erwartet? Ich bin unsicher.

»Na, dann übernehme ich mal die Verantwortung«, lacht Julius und drückt auf den Klingelknopf. »Ich bin gespannt, was du uns wieder eingebrockt hast!«

Lachend knuffe ich Julius in die Seite.

»Lass dich überraschen und nörgle nicht schon vorher herum!«

Wir wollen Tango tanzen, zumindest wollen wir mal schnuppern. Und jetzt warten wir gespannt, dass sich das Tor öffnet.

Doch lange Zeit passiert nichts. Dann stößt jemand das knarrende Eisentor auf.

»Hey, ihr beiden!« Vor uns steht ein schlaksiger Mann von etwa 35 Jahren. Er ist kleiner als ich, spindeldürr, hat schüttere, halblange blonde Haare und trägt ein weißes Hemd sowie einen hellblauen Pulli mit V-Ausschnitt.

»Ich bin Klaus!« Er streckt uns seine Hand entgegen und führt uns dann über den großen Hof zu einem Anbau mit Flachdach. Ich kann im Hof schon die Musik hören! Rhythmische Klänge, weiche Geigenmusik und die jammernd schaurig-schönen Töne des Bandoneons. Klavier, ja, ein Klavier ist auch dabei, und ein Kontrabass. Für einen Moment bleibe ich stehen, schließe die Augen: Es ist eine wunderbare Stimmung, die mich umfängt. Ich kann mich nicht satthören. Tango, das ist ein Rhythmus, der mein Innerstes berührt. Es ist, als ob die Klänge der Geige und der Rhythmus des Bandoneons meine Seele küssen. Ich bin gebannt, wie gefesselt, und kann nicht aufhören, der Musik zu lauschen. Der Tango und ich, wir werden ein leidenschaftliches Paar. Ich spüre es.

»Hey Nicole, was ist los?«, höre ich Julius rufen und schrecke hoch. Er winkt mir von der Tür des Studios zu.

»Komm her, es geht gleich los!«

Klaus führt uns in den großzügigen Raum mit bodentiefen Spiegeln. Vier Paare tanzen auf einem grauen Tanzteppich und nicken uns freundlich zu. Klaus zeigt auf eine kleine Sitzecke. Hier sollen wir unsere Sachen ablegen.

»Gebt mir 15 Minuten, dann bin ich für euch da«, meint er lächelnd, nippt an einem Glas Wasser und legt lässig eine neue Kassette ein.

»Es geht weiter«, ruft er den vier Paaren in der Mitte des Studios zu. Aus dem Kassettenrecorder kommen Melodien vom Río de la Plata. Eine schwülstige Stimme singt spanische Texte. Ich verstehe kein Wort, aber es geht wohl um das wichtigste Thema der Welt: die Liebe – und um das Verlassenwerden! Ich mag diese Melancholie.

Ein Paar muss vortanzen. Die etwa 30 Jahre alte Frau trägt einen schwarzen Rock mit hellblauer Bluse, dazu halbhohe schwarze Schuhe mit Riemchen. Der gleichaltrige Mann Jeans und Hemd. Es sind andere Bilder als die von eleganten Salons in den 20er-Jahren, die ich gestern noch im Kopf hatte. Nur das, was aus dem Kassettenrecorder kommt, besitzt einen gewissen Glamour. Aber der Tango hat mich gepackt.

»Zeigt mal eure Schuhe!«, meint Klaus, als er uns von unserem Platz abholt. Er ist jetzt ganz verschwitzt, sein Haar klebt ihm an der Stirn. Schnell mustert er meine Absätze, Julius' Schuhsohlen, nickt. »Das geht.«

Es kann losgehen!

Ich trage ein knielanges schwarzes Kleid, schwarze Strümpfe und meine Lackpumps. Julius hat eine Jeans angezogen, ein weißes Hemd, schwarze Weste. Mein Herz klopft wie verrückt. Ich spüre, dass gleich etwas mit mir passiert, etwas Großes, etwas, das mich berühren wird. Ganz tief, ganz stark.

Klaus packt mich an den Schultern und nimmt eine Übungshaltung ein.

»Nicole, komm. Ich zeige dir, wie du tanzen musst! Es ist anfangs nur eine Schrittfolge. Pass auf. Sieh auf die Fußspitzen. Also, los: »Links nach vorn, rechts in die Seite, links zurück, mit rechts rück, gestreckt nach hinten, ja so, kurz aufsetzen – corte nennt man das –, wieder nach vorne, drehen – das heißt ocho – und schließen.«

Julius zeigt er das Ganze spiegelbildlich.

»Rechts zurück, links in die Seite, mit rechts nach vorn, linker Fuß nach vorn strecken, auf dem rechten Fuß nach rechts drehen, mit dem linken Fuß nach links in die Seite und schließen!«

Jetzt stehen wir wieder voreinander.

»Siehst du«, erklärt uns Klaus, »die Schritte von Mann und Frau sind nicht gleich. Deshalb musst du auch führen. Deine Partnerin tanzt nie das Gleiche wie du!«

Ich lerne meine erste Tango-Lektion und kann es kaum erwarten, endlich weiterzutanzen.

Wir üben das zweimal, dreimal, viermal, und immer leichter drehen sich unsere Füße, und unsere Bewegungen bekommen einen Fluss. Und je leichtfüßiger ich werde, desto bewusster nehme ich auch Julius wahr und stelle mich immer mehr auf ihn ein.

»Sauberer schließen«, erklärt mir Klaus. Er strahlt mich sichtbar begeistert an: »Das geht aber gut, Nicole!« Ich bin so stolz.

Klaus legt jetzt eine neue Kassette ein und meint fast schon andächtig: »Das ist Musik von Juan D'Arienzo, und davor haben wir Aníbal Troilo y Roberto Grela gehört« – und es klingt, als habe er eine Zauberformel gesprochen. Die anderen Schüler nicken ein wenig ehrfürchtig, und ich denke, dass ich mir diese Namen merken sollte. Es sind wohl die kleinen Schätze der Tango-Fans!

Es folgen: das Gehen, Gleiten, Drehen und das Ändern der Richtung. Fußwechsel. Einkreuzen. Wir machen weiter, immer schneller, immer fließender. Und Klaus erklärt: »Die Frau achtet auf die Impulse des Mannes. Sie wartet ab, agiert aus dem Moment heraus und greift niemals vor.« Und dann sieht er mich mit eindringlichem Blick an. »Nicole, denke daran: Die Frau wartet auf die Führung des Mannes, sonst kann sie nicht tanzen. Sie muss jederzeit mit allem rechnen und immer einen Fuß frei haben.«

Seine Sätze klingen jetzt wie Befehle: »Ihr müsst euch ineinander einfühlen, gemeinsam zur Musik tanzen. Es ist der Rhythmus, der euch verbindet und zu einer Einheit werden lässt.«

Aufforderungen, die ich stumm wiederhole und mir auf der Zunge zergehen lasse. Ich bin fasziniert. Die Musik, der Rhythmus und jetzt der Tanz. Ich weiß, dass mich Tango nicht mehr loslassen wird.

Julius schließt die Füße, er führt einen Ocho, den ich schwungvoll tanze. Das Ende ist etwas holprig. Aber wir fangen uns wieder, und alles beginnt von vorn. Wir üben und tanzen uns weit weg vom Alltag. Wir lachen viel. Ich gleite in der einstudierten Schrittfolge dahin, längst sehe ich nicht mehr auf meine Fußspitzen. Ich fühle mich vielmehr in die Bewegung hinein und höre die klagenden Stimmen, die von Liebe und Enttäuschung singen, von Einsamkeit und Verlassensein, und bin einfach glücklich.

»Was ist das für ein Musikstück?«, frage ich später.

»Das sind Aníbal Troilo und Floreal Ruiz, beide Altmeister des Tangos, mit dem Stück *Naranjo en Flor*«, erklärt mir Klaus.

»Es ist wunderschön!«, sage ich leise und spüre, wie mich ein Schauer innerlich vibrieren lässt.

Der erste Tango-Abend meines Lebens, er wird zum

Aufbruch, zu einer Reise, die mein ganzes Leben andauern wird. Ich bin dem Tango verfallen, er wird mich nicht mehr loslassen.

*

Klaus sitzt mit uns in der Sitzecke seines Studios. Seit sechs Wochen sind Julius und ich seine Schüler. Einmal in der Woche tanzen wir für etwas mehr als eine Stunde Tango, oder das, was wir davon schon können. Heute sollten wir früher kommen. Klaus will etwas mit uns besprechen.

»Nicole, du hast Talent. Ich möchte, dass du mit mir die Figuren im Unterricht vorführst. Dafür zahlst du keine Kursgebühr mehr.«

Ich sehe Julius an.

»Mach das«, rät er mir sofort.

Ich bin unsicher.

»Aber ich bin doch noch Anfängerin«, werfe ich ein.

»Stimmt, aber du lernst dreimal so schnell wie ein normaler Schüler«, meint Julius.

Ein Lächeln huscht über mein Gesicht. Ein wenig rot werde ich auch. Aber ich bin stolz über das Kompliment.

»Meinst du das auch, Klaus?«, will ich wissen.

Er nickt.

Ich atme einmal kurz durch. Dann nehme ich die Herausforderung an. Ich will wissen, wie weit ich gehen kann.

Eine Woche später stehe ich mit Klaus vor den Paaren, die bis vor Kurzem meine Mitschüler waren.

»Gut, dass keiner sehen kann, wie sehr mir die Knie

zittern«, sage ich zu Julius, der jetzt seine Freundin Steffi als Tanzpartnerin mitgebracht hat.

»Du hast ja schon mächtig Karriere gemacht«, flachst er. Und Steffi zwinkert mir aufmunternd zu: »Du packst es. Ich fühle das!«

Es tut mir gut, dass die beiden da sind.

Ich tanze vor, und das gar nicht mal schlecht. Es macht mir Freude zu zeigen, was ich schon kann. Und es gibt noch etwas, das mich anspornt, immer weiterzumachen: die Pionierstimmung, die den Tango umweht. Denn die Liebe zu diesem Tanz glimmt in Europa noch auf ganz kleiner Flamme. Verstreut über die Großstädte gibt es bei uns nur eine Handvoll Hobbytänzer. Es scheint, als würden wir unseren eigenen Tango gerade neu entdecken, als würde er unter unseren Händen gerade erst entstehen.

Der Tango ist für uns auch deshalb so spannend, weil er viel Raum für Kreativität und Fantasie lässt. Jeder kann tanzen, was ihm liegt, ohne starre Regeln und Vorschriften. Das macht richtig Spaß.

Aber ich will nicht nur Tango tanzen, weil ich diese künstlerische Freiheit, die Musik und den Rhythmus liebe, ich will auch das Lebensgefühl dahinter verstehen. Und dazu muss ich die Geschichte des Tangos kennenlernen. Ich muss mehr über sein Heimatland Argentinien wissen. Ich muss wissen, wo der Río de la Plata fließt, von wo der Tango herkommt, und ich muss wissen, wer ihn früher getanzt hat. Systematisch lese ich alles, was ich zum Tango finde.

Aber es ist nicht leicht, Material aufzutreiben. Ich bekomme den Tipp, die Antiquariate zu durchstöbern. Und wirklich, ich werde fündig und entdecke ein wunderbares

Buch: *Melancholie der Vorstadt: Tango*, mit zahlreichen Originalaufnahmen und vielen Hintergrundinformationen. Ich verschlinge es noch in derselben Nacht und erfahre so viel Neues und Ungeahntes, was den Tango nur noch spannender für mich macht. Im Schein meiner Nachttischlampe unterstreiche ich Textstellen, schreibe mir Passagen heraus, schlage vieles in den nächsten Tagen in der Uni-Bibliothek nach und exzerpiere sehr gewissenhaft.

Zum nächsten Tanz-Unterricht bin ich perfekt vorbereitet. Während Julius, Steffi und ich uns in der Sitzecke nach dem Unterricht unsere Schuhe ausziehen und in die Straßenschuhe schlüpfen, hole ich, ganz die ordentliche Nicole, ein eng beschriebenes Notizbuch aus meiner Tasche und erzähle den beiden vom Tango, nein: Ich halte vielmehr einen Vortrag, und beide hören gebannt zu.

»Wisst ihr«, sage ich mit aufgeregt klingender Stimme, »was ich gelesen habe, hat alles nichts mit dem Tango der Tanzschulen in Deutschland zu tun. Der echte Tango ist etwas ganz anderes!« Und dann erzähle ich, dass Ende des vergangenen Jahrhunderts Millionen europäischer Auswanderer ihr Glück auf dem südamerikanischen Kontinent suchten. Dass sie ihre Familien und Freunde in Spanien und Italien, in Polen und Irland zurückließen, um im Land der Verheißung das große Geld zu machen. Doch für die meisten Einwanderer blieb der erhoffte Reichtum aus. Stattdessen fristeten sie ein hartes Leben voller Armut und Sklavenarbeit, Einsamkeit und Verzweiflung.

Ich krame jetzt zwei Schwarz-Weiß-Fotos heraus. Sie zeigen Alltagsszenen von damals. »Hier, seht mal, so sahen die Straßen von Buenos Aires zu der Zeit aus: grau, düster, elendig. Viele Auswanderer landeten als Hafenarbeiter oder Tagelöhner in Buenos Aires, eingepfercht in billige Unterkünfte mit argentinischen Bauern, vertriebenen Gauchos und Kriminellen, Söldnern und freigelassenen Sklaven. Ein buntes Völkchen mit vielen Problemen. Und schaut, hier das Bild mit den Planwagen und Pferden. Wie im wilden Westen ...«

Ich mache eine kurze Pause und zeige die Zeichnung einer typischen Straßenszene. »Das habe ich mir aus einem Lexikon kopiert. So müsst Ihr euch den Beginn des Tangos vorstellen: Am Abend trafen sich diese oft unglücklichen und verzweifelten Menschen auf den Straßen, in den Bars und Hinterhöfen und betäubten mit Musik und Alkohol die Gefühle von Heimweh und Entwurzelung. Das hat nichts mit dem zu tun, was man von den Pariser Tango-Postkarten kennt.«

»Meine Güte, ist das interessant«, wirft Steffi ein, und Julius mustert genau die beiden Postkarten und die Zeichnung, so als ob er jedes Detail erkennen möchte. Ich beuge mich zu ihm und zeige lachend mit dem Zeigefinger auf eine der abgebildeten kleinen Gassen.

»Hier, Julius, genau hier«, albere ich, »genau hier wurde musiziert, hier wurden Verse gesungen, hier wurde getanzt. Alles ohne Regeln, immer improvisiert. Durch die Einflüsse dieses multikulturellen Völkchens entstand in den Randbezirken von Buenos Aires erst eine neue Musik, ein neuer Rhythmus, dann neue Texte und schließlich ein neuer Tanz – alles zusammen der Tango. Und seht mal, hier«, ich krame eine weitere Fotokopie aus meinem Büchlein. »Seht mal, hier steht geschrieben, dass es 1897 bereits die ersten Tangopartituren gab. *El Entrer-*

riano von Rosendo Mendizábal etwa. Und dann gibt es noch eine von 1898: *Don Juan*, von Ernestor Ponzio.«

»Und für welche Instrumente?«, bohrt Julius jetzt neugierig weiter.

Zum Glück habe ich mir auch dazu Notizen gemacht.

»Es begann mit Flöte, Geige, Gitarre und Akkordeon«, lese ich nun eine Passage aus dem Buch vor. »Später kam das Bandoneon mit seinem unverwechselbaren Klang dazu. Als der Tango dann auch in die reicheren Schichten kam, zusätzlich noch das Klavier.«

Julius fasst mir jetzt an den Arm.

»Zusammengefasst lässt sich also sagen: Im Tango drückte diese Außenseitergesellschaft ihre Gefühle und Sehnsüchte, Enttäuschungen und ihren Kummer aus. Tangomusik und Tangotexte wurden weitgehend improvisiert und entwickelten sich zu einer Art Blues von Buenos Aires. Stimmt's?«

Ich nicke und krame jetzt schnell ein weiteres Foto hervor. Es zeigt eine Bordellszene.

»Hier, da kann man gut sehen, wie anrüchig das Tanzen damals aussah. Ich habe auch gelesen, warum das so war. Es gab nämlich zu der Zeit einen gewaltigen Männerüberschuss, und deshalb entwickelte sich eine lebendige Rotlichtszene. Zuhälter benutzten die erotisierende Kraft des Tanzes, um potenziellen Kunden ihre Mädchen schmackhaft zu machen. Tanzen wurde bezahlt mit einer kleinen Blechplakette. ›Dame la lata‹, Gib mir das Blech, davon erzählt sogar ein Tangotext«, gebe ich naseweis Auskunft. »Und mehr noch: Frauen waren zwar Opfer von Prostitution und Frauenhandel, besaßen gleichzeitig aber auch durch den extremen Männerüberschuss eine gewisse Macht. Welcher Mann will denn bei einem solch eklatanten Frauenmangel nicht gut tanzen, um leichter eine Dame erobern zu können?«

»Das ist heute auch noch so«, sagt Julius und zwinkert Steffi zu. Doch sie reagiert nicht darauf, weil sie weiter ganz gebannt meinem Vortrag lauscht.

»Tango war der Animiertanz beider Geschlechter, und in ihm spiegelte sich alles wider, was das Leben hergibt: Überlebenskampf und Verzweiflung, Lust, Eifersucht und Gewalt. Die Texte handeln von Kriminalität, geschändeten Frauen und verlassenen Männern. Die Tanzfiguren sind voller Ekstase und Aggressivität. Aber das hat wohl auch mit dem Einfluss der Schwarzen zu tun, denn die haben ja bekanntlich ein beeindruckendes Talent für Rhythmus, Bewegung und Musik.«

Steffi schaut mich mit großen Augen an. »Meine Güte, deine Ausführungen sind ja abiturreif«, scherzt sie.

Ich lache und mache eine kurze Pause, weil ich vor lauter Erzählen schon ganz außer Atem bin.

»Also, passt auf«, sprudelt es weiter aus mir heraus. »Weiter hinten im Buch stand, dass die feine Gesellschaft anfangs die Nase gerümpft hat über den anrüchigen Tanz. Aber weil es in den gehobenen Kreisen üblich war, seine Kinder zum Studium nach Paris zu schicken, sprang die Tangobegeisterung um 1900 auch an die Seine über und verbreitete sich in Paris wie eine Epidemie. Die Choreographie wurde raffinierter, die Musik eleganter. Jetzt wollte man auch in Berlin und Wien und schließlich in ganz Europa Tango tanzen.«

»Und in Buenos Aires tanzt man weiter nur in den Hinterhöfen?«, will Julius wissen.

Ich schüttle den Kopf.

»Nee, nee, es geht anders weiter. Da der Tanz in Europa Furore macht, wird dann auch die Oberschicht in Argentinien nach und nach richtig neugierig, und der Tango findet von da an auch in Buenos Aires seinen Weg in die feinen Cafés und Tanzhallen des eleganten Zentrums.«

Julius wird nun langsam doch etwas ungeduldig. Er will gehen. Aber ich rede einfach immer weiter. Es gibt doch noch so viel zu erzählen: »Als 1919 in Argentinien die Bordelle geschlossen wurden, verlagerte sich der Tango auf die Bühnen der Kabaretts und Theater. Der Tango zog von den armen Vororten in das schillernde Zentrum der Stadt. Es gab jetzt Veranstaltungen mit Orchester und Tanz. Hier trafen sich Jung und Alt. Übrigens waren damals auch Tangogesänge modern. Die nennt man Canción. Aber die waren nicht zum Tanzen gedacht, sondern wurden nur gern gehört. Einer der berühmtesten Sänger war der legendäre Carlos Gardel.«

»Von dem habe ich schon mal gelesen«, meint Julius.

»Ich nicht, ich habe den Namen noch nie gehört …«, gibt Steffi geradeheraus zu.

Ich sprudele nun förmlich über und möchte nichts von meinem gerade angelesenen Wissen für mich behalten.

»1922 wurde der Tango zum weltweit anerkannten Gesellschaftstanz. Und na, von da an muss man zwischen der ursprünglichen Form, dem Tango Argentino, den wir ja jetzt lernen wollen, und der systematisierten Form, dem internationalen Tango, unterscheiden. Also dem, was unsere Eltern früher in der Tanzschule gelernt haben.«

»Und warum geriet der Tango dann wieder in Vergessenheit?«, will Steffi jetzt wissen.

»Weil in den 50er-Jahren weltweit neue Rhythmen und Stilrichtungen aufkamen: Rock'n'Roll usw. Die eroberten die Welt. Tango war plötzlich altmodisch.«

»Auch in Buenos Aires?«, fragt Julius, nun wieder ganz bei der Sache.

»Auch da. Aber *wir* entdecken ihn eben wieder neu. Pass mal auf«, zwinkere ich ihm zu. »Vielleicht wird er wieder modern.«

»Yeah«, bekräftigt Julius.

»Sag lieber ›eso‹, das klingt mehr nach Argentinien.«

Julius kräuselt die Stirn.

»Hört mal, ganz im Ernst. Tango hat wirklich das Zeug zum Welttanz. Weil er in seiner Choreographie so frei ist und jeder das tanzen kann, was er will und wie er will. Wir haben doch von Klaus gehört, dass es viele Elemente gibt. Man kann sie sich, wie bei einem Baukasten, herausnehmen, immer neu kombinieren und immer anders improvisieren – je nach Stimmung, je nach Lust, je nach Können. Das ist klasse!«

Wir schnattern fröhlich weiter und trennen uns an diesem Abend nur widerwillig. Der Tanz und seine Geschichte haben uns so gefesselt, dass wir am liebsten noch stundenlang geredet hätten. »Übrigens, wusstet ihr, dass es eine Show gibt? ›Tango Argentino‹ heißt sie«, sage ich noch zum Abschied. »Wenn die mal hierher kommt, dann bin ich dabei!«

*

Ich kann vom Tango einfach nicht genug bekommen und kremple in den kommenden Wochen ganz Düsseldorf um, damit ich noch mehr Informationen zum Thema Tango auftreiben kann. Sowie ich Zeit habe, durchstöbere ich Antiquariate nach weiteren Büchern über den Tanz und versuche in Antiquitätengeschäften und auf Flohmärkten alte Schallplatten mit Tangomusik aufzutreiben. Ich kann jedoch nur europäische Tangos finden, aber die kaufe ich trotzdem. Und wenn ich etwas ergattert habe, wo Tango draufsteht, reiche ich es in der Szene wie einen kostbaren Schatz herum. Wir sind doch im ganzen Bundesgebiet nur eine Handvoll Tanzbegeisterte, wenn es hochkommt 25.

Fast alle lerne ich im Sommer 1987 in Berlin kennen, bei einem Workshop bei Dietrich Lange, einem kleinen drahtigen Mittvierziger, der in Uruguay geboren ist. Er hat sich in Tempelhof, am Rande des Grunewalds, mit seiner Partnerin Annette ein großes Tanzstudio aufgebaut und ist schon aufgrund seiner südamerikanischen Herkunft der Guru für die Tango-Anhänger.

Bei Dietrich wird fleißig getanzt, geübt, aber auch geredet und sich ausgetauscht. Jeder erzählt, was er vom Tango weiß, gesehen oder gehört hat. Und alle saugen alles auf wie ein trockener Schwamm das Wasser. Hier lerne ich auch Sigurd kennen, einen Berliner. Sigurd ist gut 20 Jahre älter als ich. Ein durchtrainierter, sehniger Mann mit graumelierten, zurückgekämmten Haaren und einem herben, ausdrucksstarken Gesicht. Er ist immer sehr elegant gekleidet und »berlinert« filmreif. Sigurd weiß unendlich viel vom Tango und hat eine enorm große Plattensammlung mit lateinamerikanischer Musik. Und er tanzt schon viele Jahre Tango. Sigurd wird ein guter Freund, von dem ich viel lerne. Immer wenn ich in Berlin bin, treffen wir uns in seinem Souvenirladen, dem »Roxy« in Charlottenburg, und fachsimpeln. Stundenlang sitzen wir abends in seinem kleinen Geschäft und reden. Sigurd spielt mir neben Tango auch Titel aus berühmten Opern und Filmklassikern vor und gibt mir viele wertvolle Tipps, insbesondere zur Musik, damit ich in Düsseldorf besser unterrichten und – ganz wichtig – auch einfach besser tanzen kann.

Und ich werde auch tatsächlich immer besser. Klaus merkt das und baut mich immer stärker in den Unterricht ein, überträgt mir immer mehr Verantwortung. Jede freie Minute, die mir nach Studium und Jobs noch bleibt, verbringe ich in seiner Tango-Schule. Doch bald reicht mir das nicht mehr. Ich strebe nach mehr.

*

»Wir können etwas Eigenes machen und eine Tango-Nacht veranstalten. Was meinst du, Klaus? Wir mieten uns einen Raum und legen los.«

Ich sitze nach dem Unterricht noch mit ihm in seiner Tanzschule und male ihm gerade in schillernden Farben aus, wie ich mir eine Tango-Veranstaltung vorstelle.

Klaus ist Feuer und Flamme.

»Eine Tango-Tanz-Nacht in Düsseldorf? Klar, wir sind gut. Komm, lass uns das machen. 100 Leute bekommen wir bestimmt zusammen.«

Ich entwerfe Plakate, Klaus sucht die Musik aus, unermüdlich üben wir. Dazu klappere ich diverse Räumlichkeiten ab, um eine Location für unser Fest zu finden, und ziehe nachts mit Tapetenkleister durch die Straßen, um die Werbeplakate für die Veranstaltung an die Litfasssäulen zu kleben.

Im Februar 1988 ist es dann so weit. In Düsseldorf findet die erste Tango-Tanz-Nacht statt, und ich habe sie maßgeblich organisiert!

Ich stehe im kleinen Saal des »Malkasten«, eines stadtbekannten Kulturzentrums am Düsseldorfer Hofgarten, und bin baff. Wir haben mit 100 Leuten gerechnet und über 300 sind nun gekommen. Klaus und ich haben zwei Tänze eingeübt, die wir irgendwann am Abend zeigen wollen. Aber jetzt habe ich wackelige Knie und mächtig Angst. Noch nie musste ich vor so vielen Menschen tanzen. Verheddere ich mich in den Fransen meines Kleides? Ob ich die Führung verstehe? Wie soll ich reagieren, wenn ich patze? Ich habe Angst.

Ich sehe Klaus an. Er räuspert sich nervös, scharrt mit dem rechten Fuß unruhig hin und her. Gerade höre ich noch den letzten Tango vor unserem Auftritt, der von der Kassette kommt, und bin zutiefst ergriffen. Ein schwerer Tango, der von einer zerbrochenen Liebe erzählt, von einem Mann, der seine Liebste ausgerechnet an den besten Freund verloren hat und jetzt die beiden auf der Bühne tanzen sieht. Ein fremdes Glück, das doch sein eigenes hätte sein sollen:

Cuantas noches voy vagando
(Nächtelang irr ich herum)
angustiado, silencioso
(bedrückt und schweigsam)

recordando mi pasado
(und erinnere mich an die Vergangenheit)
con mi amiga la illusion.
(mit meiner Freundin, der Illusion).

Dann werden die Klänge wieder lebendiger. Rhythmischer. Klaus nickt mir zu. Es geht los. Und wir tanzen. Mit den Elementen Ochos, dem Sandwich und einer Medialuna, dem Halbmond. Perfekt! Ich schließe die Augen und lasse mich fallen in den Rhythmus der Musik und den eingeübten Ablauf meiner Bewegungen. Mein Körper tanzt fast von alleine. Der Swing lässt meine Füße rhythmisch über den Tanzboden gleiten. Immer lockerer werden meine Unterschenkel, immer beweglicher meine Hüften. Geschmeidig drehe ich mich in die Bewegung hinein. Jetzt finden sogar meine Füße Freude an der Musik, und es gelingt ihnen, den Rhythmus der Instrumente zu begleiten. Nach einer Weile fasse ich immer mehr Vertrauen. Die Starre ist weg. Die Angst ist weg. Ich weiß, dass ich tanzen kann! Und es ist gar nicht schlimm, dass so viele Menschen zusehen. Im Gegenteil. Es ist ein tolles Gefühl. Ich finde es herrlich, den Menschen das zu zeigen, was ich so liebe. Ich schwebe dahin.

30 Minuten später umfängt mich tosender Applaus. Ich spüre zum ersten Mal, was es heißt, vor größerem Publikum aufzutreten. Ich genieße es, für meine Leistung belohnt zu werden. Ein wunderbares Gefühl.

Nach diesem Abend machen Klaus und ich weiter. Wir tanzen jetzt regelmäßig vor Zuschauern und haben auf Kleinkunstbühnen im Ruhrgebiet erste Aufritte. Es ist eine aufregende Zeit. Meistens treten wir zusammen mit dem Musiker-Duo Arrabal auf, das sind Annette, eine deutsche Violinistin, und Ramón, ein spanischer Gitarrist und Sänger. Auf kleinstem Raum tanzen Klaus und ich zur Musik der beiden. Da unser Repertoire tänzerisch nicht so groß ist, versuchen wir mit kleinen getanzten Geschichten wie einer Kennenlern-Szene oder einer gespielten Streiterei Abwechslung auf die Bühne zu bringen.

Allerdings habe ich das Gefühl, dass ich noch gar nicht richtig weiß, was ich da mache. Ich muss mir alles aus alten Büchern zusammensuchen, eigne mir viel theoretisches Wissen an. Wie man wirklich in Argentinien Tango tanzt, das weiß ich nicht. Es ist ja auch nichts normiert. Alles ist immer in Bewegung.

Ist es gut, was ich tanze? Gibt es noch raffiniertere Elemente? Ich habe keine Ahnung.

Ein ständiges Thema sind auch meine Kostüme, mit denen ich auf der Bühne stehe. Für den Mann ist es einfach, er trägt Jacke und Hose.

Aber ich bin eine Frau und weiß nie so recht, wie ich mich passend zum Tanz kleiden soll. Anfangs stelle ich mir das 30er-Jahre-Flair vor und trete im Charleston-Look auf. Ich trage dazu schmale, untaillierte Seidenkleider mit Fransen und Pailletten, stilecht ergänzt mit originalen Stirnbändern aus den 30er-Jahren, die ich auf einem Berliner Flohmarkt ergattert habe. Dann wieder habe ich das Gefühl, es müsste alles auch ein wenig spanisch angehaucht sein, oder besser noch lateinamerikanisch. So trage ich mal rote Kleider, dann wieder eine Federboa, sauge lasziv an einer Zigarette – sehr peinlich, denn ich ersticke fast am Qualm. Ich will aber auch ein bisschen Flamenco und Ballett einbauen. Aber irgendwie merke ich, dass das alles nicht zusammenpasst.

»Der Tango wurde doch in den Hafenvierteln von Buenos Aires getanzt. Von Hafenarbeitern und Tagelöhnern, von Zimmermädchen und Prostituierten. Und alle haben sich Taftröckchen angezogen? Das ist doch Blödsinn«, sage ich schließlich energisch zu Klaus.

Der lässt mich machen, und wenig später hole ich das Hinterhof-Feeling auf die Bühne. Statt mit Federboa trete ich nun in einem geblümten Kittelkleid auf. Ich tanze, wie ich mir das Leben in den verschwiegenen Ecken von Buenos Aires vorstelle, in Putzkitteln und mit einfachen Haarbändern, aber glutrot lackierten Fingernägeln und dick angepinselten Lippen. Logisch ist das nicht. Ich experimentiere in jeder Hinsicht, doch egal, was ich zeige – ich bleibe unsicher.

Aber ich genieße jeden Tanz, egal in welchem Kostüm! Mir gefällt am meisten, wie Klaus und ich uns als Paar aufeinander einstellen. Mann und Frau, sie bilden im Tanz zwar eine Einheit, doch jeder ist mit einem eigenen Innenleben ausgestattet, spielt eine eigene Rolle. Sie ergänzen sich. Das Spiel aus Nähe und Distanz, die Mischung von Tempo und Langsamkeit, von Traum und Rebellion, von Liebe und Aggression – das ist mein Tango!

Doch egal, wie sehr ich auch im Studio übe, egal wie zufrieden Klaus bei den Auftritten mit mir ist, ich gehe Abend für Abend letztlich unzufrieden nach Hause. Denn ich spüre, da steckt mehr in der Musik, als ich tanzend auszudrücken vermag. Klaus vermittelt mir die Abläufe, aber nicht die Technik, die ich brauche, um mit ganzem Herzen nach dieser Musik zu tanzen.

Und er kann das Geheimnis nicht lüften, was der Tango wirklich ist. Um mehr zu können, muss ich mehr wissen. Es ist nicht der Tanz alleine. Da steckt die Geschichte und Kultur eines ganzen Landes dahinter, das ich bisher nur vom Hörensagen kenne!

KAPITEL 3

»Brauchen Sie Hilfe?«

Ich liege ausgestreckt auf der Sitzbank des Zugabteils und muss eine Sekunde lang überlegen, wo ich bin. Ein Schaffner steht vor mir und sieht mich besorgt an.

»Hilfe? Ich? Nein, nein, es geht schon. Ich bin nur ein bisschen erkältet«, sage ich etwas verdutzt, setze mich schnell hin und hole meine Fahrkarte aus der Tasche.

»Ich fahre nach Amsterdam. Ist der Zug pünktlich?«

Der Schaffner, ein kräftiger älterer Mann mit Schnauzbart, nickt mir freundlich zu, während er meinen Fahrschein abknipst. Aber sein Blick mustert mich eine Spur zu genau. Ich muss wohl wirklich mitgenommen aussehen.

»In eineinhalb Stunden sind Sie da. Gute Fahrt. Und gute Besserung!«, sagt er noch aufmunternd, bevor er die Abteiltür hinter sich zuschiebt.

Ich lasse mich wieder auf das Polster fallen und fühle mich wirklich furchtbar elend. Körperlich bin ich völlig erschöpft. Seit Tagen plagt mich ein Virus. Mein Kopf ist heiß. Ich habe Fieber. Aber auch seelisch bin ich angeschlagen. Es ist Dezember 1988, Weihnachtszeit. Meine Heimatstadt ist um diese Zeit prächtig geschmückt. Dicke goldene Sterne strahlen von prächtigen riesengroßen Tannen. Über der Fußgängerzone ist ein Lichterteppich in Form eines Sternenhimmels gespannt. Aus Lautsprechern dudelt unaufhörlich Weihnachtsmusik. Die Leute haben dicke Tüten in der Hand und bereiten Weihnachten, das große Familienfest, vor. Sie sind glücklich im trauten Kreis der Familie, fühlen sich geborgen. Und ich? Ich habe gestern meiner Familie Adieu gesagt. Nachmittags bin ich bei Papa und seiner neuen Partnerin Barbara gewesen. Zum Abschied hat er mich lange in den Arm genommen und ganz fest gehalten. So als hätte er Angst, mich nicht wiederzusehen. Ich habe Papa sehr lieb. Schade, dass wir uns so selten sehen.

Danach bin ich zu Mama gefahren. Sie lebt jetzt in Meerbusch. Allein. Ihr Freund kommt nur zu Besuch. Sie hat geweint, als ich gegangen bin. »Pass auf dich auf, Nicoleta«, hat sie mir noch durch das Treppenhaus hinterher gerufen und ein kleines Kreuz in die Luft gemalt. Ihr Segen rührt mich. Es schien, als fürchte sie einen Abschied für immer.

Danach bin ich mit der Straßenbahn durch die hell erleuchtete Stadt zurück in mein kleines Apartment gefahren und habe mich so einsam und verlassen gefühlt wie früher als Kind.

Vor Aufregung bekam ich in der Nacht kein Auge zu, und als ich morgens in aller Frühe allein mit meiner Tasche zur Bushaltestelle gegangen bin, hatte ich einen di cken Kloß im Hals. In meinem Herzen braute sich ein merkwürdiges Gemisch aus Abschiedsschmerz, Vorfreude und einer riesengroßen Angst zusammen. Mir war überaus mulmig zumute.

Noch nie bin ich so weit weg gewesen. Gut, es hatte ein paar Sommerurlaube in Italien gegeben. Meine Tante

Inge führt in Forte Dei Marmi ein kleines Hotel, und Mama hatte ihr in den Schulferien oft geholfen und uns Kinder mitgenommen. Ich war auch mal zum Reiten in Ungarn, zusammen mit meiner Tante Ulla, und mit meiner Freundin Bettina bin ich nach dem Abi durch Griechenland getrampt. Aber allein auf einen anderen Kontinent zu reisen, das war etwas anderes. Südamerika, Argentinien, Buenos Aires! Ich habe in Vorbereitung der Reise zwei Bücher darüber gelesen und mir alles Wissenswerte angeeignet. Es gibt viel Kriminalität dort, Armut, gefährliche Slums, »villas«, wie man sie dort nennt, oder genauer: »villas miserias«, Elendsviertel am Rand der Großstadt. Wie makaber. Ich habe keine Ahnung, was mich erwartet. Denn nichts ist geplant. Dank Steffi habe ich wenigstens ein Zimmer in Aussicht. Über einen Freund hat sie mir die Adresse einer Familie im Nobelstadtteil Belgrano besorgt. Die Kluft zwischen Arm und Reich ist groß.

Aber ich will unbedingt nach Buenos Aires, an den Río de la Plata. Dorthin, wo der Tango herkommt. Ich will wissen, wie es sich anfühlt, ihn in seiner Heimat zu tanzen. Ich will wissen, ob es noch mehr gibt in dieser Millionenmetropole, was ich über Tango lernen kann.

Warum ich gerade jetzt an den Río de la Plata will, ist einfach zu erklären. Im September hatte ich tatsächlich Karten für die Show »Tango Argentino« ergattert. Es war für mich ein unvergessliches Erlebnis, diese grandiose Mischung aus Tanz und Musik zu erleben. 16 Tänzer wirbelten über die Münchner Theaterbühne, 14 Musiker spielten, dazu gab es vier Sänger. Jedes Tanz-Paar wirkte wie eine Verbindung zweier Magnete, die eine ständige

Anziehungskraft aufeinander ausübten. Die Männer sehr stolz und ausdrucksstark, aber auch irgendwie unnahbar. Fast düster – und hoch konzentriert. Die Frauen waren wundervoll gekleidet, mit blutroten Lippen und Fingernägeln und elegant in ihren Bewegungen, grazil auf den hohen Absätzen.

Immer wieder schaute ich ins Programmheft. Mir fielen Eduardo und Gloria auf, ein etwas älteres, korpulentes Paar mit einem faszinierenden Tempo. Sie tanzten richtig frech miteinander und reizten die Musik vollkommen aus. Ihre Absätze tackerten den Rhythmus. So stellte ich mir Vorstadttänzer vor. Oder Mayoral und Elsa María, die durch gediegene Eleganz auffielen. Beide waren äußerst schlank und trugen feinste Kleidung, er einen tiefschwarzen Anzug, sie ein schimmerndes Seidenkleid. Sie tanzten mit beeindruckender Eleganz und großer Musikalität. An ihr faszinierte mich vor allem auch der wippende Pagenschnitt. Und dann gab es noch Elba Verón. Sie stand auf der Bühne wie ein Mann und röhrte kraftvoll ihre Rebellion heraus: *Desencuentro* – verpasst!

Den meisten Applaus aber bekam der junge Startänzer Luis Pereyra. Stolz, mit hoch erhobenem Kopf, betrat er die Bühne. Einen Moment lang herrschte Stille. Seine schwarzen Augen blickten tief in den Saal, und es war, als ob die Energie dieses Tänzers bis in die letzte Reihe zu spüren war. Langsam und hoch konzentriert legte er sich einen weißen Schal um den Hals, verknotete ihn vor seiner Brust. Die Musik begann, und als er sich dazu bewegte, hielt ich den Atem an. Er tanzte ein kurzes Solo. Dann kam seine ganz in schwarz gekleidete Partnerin auf die Bühne, und mit einer atemberaubenden Eleganz führte er sie über die Tanzfläche. Mal schien er dabei zu schweben, und noch bevor er seinen linken Fuß aufsetzte, hob der rechte schon ab. Dann wieder trommelten seine Füße im unfassbar schnellen Stakkato-Rhythmus auf den Boden. Ich saß in der dritten Reihe und konnte mich nicht sattsehen an seiner Virtuosität. So leichtfüßig. So musikalisch. Er schwebte regelrecht über dem Boden. So konnte also Tango aussehen?! Das hatte nichts mit dem zu tun, was Klaus und ich tanzten. Ich ging beseelt aus dem Theater. Gerade hatte ich Tango in Perfektion gesehen – und setzte mir ein ehrgeiziges Ziel: Ich wollte diesen faszinierenden Tanz jetzt richtig erlernen. Und wenn ich schon träumte, ließ ich meinen Gedanken auch freien Lauf: Ja, ich wollte einmal mit Luis Pereyra tanzen, einmal in seinen Armen Tango fühlen.

Zu den Träumen gesellte sich jedoch auch Ernüchterung. Ich war im Moment nichts weiter als eine stümperhafte Anfängerin. Aber ich fühlte noch etwas in meiner Seele: Ehrgeiz und Trotz. Ich würde irgendwann auch können, was die Tänzer dort oben gezeigt hatten. Egal, wie hart ich dafür trainieren müsste.

Auf dem Weg nach Hause blätterte ich wieder und wieder das Programmheft durch. Insbesondere der Text der rebellischen Sängerin hatte es mir angetan. Sie gab nicht auf, egal, wie widrig die Lebensumstände waren. Und das sollte auch für mich gelten. Das Lebensgefühl des Tangos – ganz langsam begann ich es zu verstehen. Wieder und wieder las ich den ergreifenden Text von *Desencuentro* und gab mich meinen Gedanken hin, erkannte mich im Gesagten wieder:

Du bist desorientiert und weißt nicht,
wie du weitermachen sollst.
Und angesichts all der fehlgeschlagenen Hoffnungen
möchtest du das Meer überqueren und kannst es nicht.
Die Spinne, die du gerettet, hat dich gebissen.
Was willst du machen!
Und der Mann, dem du geholfen, hat dich verletzt.
Mach nur weiter so!
Und all der Karneval des Lebens
hat schreiend zertreten
die brüderliche Hand,
die Gott dir gereicht.
Welche Entfremdung!
Ja sogar Gott ist weit entfernt,
und du weinst innerlich.

Nein, das waren keine flachen Schlagertexte. Da ging es um viel mehr. Als ich damals auf der Straße diese Zeilen las, war mir klar: Ich muss jetzt das Original sehen, erleben, erfühlen. Ich muss nach Buenos Aires! Egal, was es kostet. Egal, wie strapaziös es ist. Sonst brauche ich nicht weiterzumachen.

Zwei Monate habe ich dann zusätzlich zu Studium, Tangoshows und Jobs noch Extraschichten als Kellnerin geschoben. Ich wollte so schnell wie möglich das Geld zusammenbekommen für ein Billigticket ab Amsterdam und vier Wochen Aufenthalt in meiner Traumstadt. Und es musste auch unbedingt in der Weihnachtszeit sein. Denn über die Festtage hatte ich an der Uni frei, und in der Agentur gab es nicht so viel Arbeit.

Jetzt liege ich schwitzend im Zugabteil und habe meinen Mantel wie eine schützende Decke über mir ausgebreitet. Ich versuche, noch ein bisschen zu dösen. Unter mir rattern die Räder in ihrem gleichmäßigen Rhythmus. Draußen wird es langsam hell. Die Sonne geht auf. Es wird ein schöner, heller Wintertag werden. Ich spüre, ich rolle in ein ganz neues Leben …

*

Buenos Aires im Dezember. Am Flughafen erwartet mich eine Riesenüberraschung. Als ich in der Ankunftshalle nach einem Ausgang suche, tippt mir plötzlich jemand auf die Schulter. Ich drehe mich um und bin baff. Vor mir steht Lalo, ein Tangolehrer aus der Szene in Holland. Lalo ist Argentinier und lebt zusammen mit seiner Frau Mirta und den beiden Kindern in den Niederlanden. Er ist gut zehn Jahre älter als ich, sehr klein und rundlich, mit glatten schwarzen Haaren und tiefen Geheimratsecken. Ich habe beide im Sommer 1987 in Amsterdam auf einem Workshop kennengelernt und mich sofort wunderbar mit ihnen verstanden. Sie sind Menschen mit ganz viel Herz. Jetzt erfahre ich, dass er auch Tango-Reisen organisiert und Gäste aus Amsterdam am Flughafen abholt.

»Brauchst du ein Zimmer?«, fragt er sofort. »Ich kann dich in einem Hotel unterbringen!«

Was für ein Angebot! Ich zögere nicht und steige gleich zu ihm und den anderen Gästen in den Mini-Bus. Das Zimmer im Edelvorort Belgrano, das mir eine Freundin von Düsseldorf aus besorgt hat, werde ich absagen. Gut, ich hätte dort Familienanschluss gehabt und wäre nicht allein gewesen. Aber ich will lieber in die einfachen Vororte, möchte da wohnen, wo der Tango herkommt. Mit Lalo habe ich nun jemanden, der sich in der Tangoszene auskennt und mich genau dort hinbringt, wo ich etwas lernen kann.

Der altersschwache Wagen ächzt über die holprige Autobahn, und ich bin so aufgeregt, dass ich meine Erkältung vergesse. Es geht mir plötzlich besser. Der 14-Stunden-Flug war zum Glück ruhig. Ich konnte schlafen und träumen. Vom Tango, schönen Menschen, einer wundervollen Musik.

Doch im schmuddeligen Bus Richtung Innenstadt holt mich die Wirklichkeit wieder ein. Die Stadt ist eine Betonwüste. Ich sehe dicht an dicht gebaute Hochhäuser mit abgewetzten Fassaden, dazwischen unzählige Autos. Die Luft ist schlecht. Es ist drückend heiß, bestimmt an die 40 Grad. Am Horizont kann ich ein braunes Band entdecken. Das muss der Río de la Plata sein.

Buenos Aires, meine lang ersehnte Traumstadt, empfängt mich mit einer ernüchternden Alltagsfratze.

Wo ist das Grün, das ich in Deutschland so liebe? Ich habe riesengroße Bäume, üppige Parks und bunte Sommerblüten erwartet. Nichts von all dem gibt es hier.

Die Stadt ist ein Moloch, der mir auf den ersten Blick wie eine Bedrohung erscheint. Mit jedem Kilometer, den wir weiter ins Zentrum fahren, verliere ich mehr von meinen Illusionen.

Es ist fünf Uhr nachmittags, Rushhour. Der Bus kommt nur mühselig voran. Immer wieder steckt er im Stau. Ich sehe gebannt aus dem Fenster. Verwitterte Fassaden von alten Betonhäusern, Cafés, Bars und kleinen Geschäften ziehen an mir vorbei. Davor Menschen mit harten Gesichtern. Gibt es noch ein anderes Buenos Aires? Hier muss es doch noch irgendetwas vom berühmten Tangoleben geben. Die großen Salons, die großen Shows. Ist das alles vorbei? Oder werde ich fündig? Noch am selben Tag will ich losziehen. Ich werde ihn entdecken, meinen Tango, den wahren, den argentinischen!

Lalo fährt uns in das historische Viertel San Telmo, das im Südosten der Stadt liegt. Es gibt dort kleine Gassen mit Kopfsteinpflaster, die eine oder andere alte dunkle Bar mit holzverkleideten Wänden und alten Tischen sowie eine Handvoll Krämerläden, wie ich später auf meinen Erkundungstouren sehen werde. »Almacén« (Gemischtwarenhandlung) steht am Eingang. In den Auslagen finden sich Pfirsichdosen, ausgestellt wie Delikatessen. Allerorten stoße ich auf klitzekleine Bäckereien mit gerade mal drei Sorten Brötchen, Metzgereien, in deren Auslagen halbe Rinder am Haken hängen, umsurrt von Fliegen, und Gemüseläden mit verdorrten Salatköpfen und schrumpeligen Äpfeln. Auf kleinen Plätzen mit Bänken spielen alte Männer in der Sonne Karten oder Schach. Die Zeit scheint hier stehen geblieben zu sein. Ich muss mich schütteln, um all das glauben zu können. Weihnachten auf der südlichen Erdhalbkugel, es ist so ganz anders als im schneeweißen Deutschland.

Ich komme dank Lalos Vermittlung im Hotel Victoria unter. Der Name gefällt mir, denn es gibt einen Tango, der *Hotel Victoria* heißt und von der Erinnerung an bessere Zeiten handelt. Es ist ein sehr einfaches Familienhotel. Für umgerechnet sechs Mark pro Nacht bekomme ich ein karg eingerichtetes Zimmer mit einem uralten Bett, in dem die Matratze durchgelegen ist, und einem winzigen Bad mit kaum einer unversehrten Fliese. Der Hahn tropft und hinterlässt eine braune Spur im gerissenen Becken. Am Ausguss huschen schnelle Kakerlaken zurück ins Dunkel. Ich teile mir eine schmuddelige Küche mit allen anderen Gästen im Hotel, darunter sechs Europäer und drei alte Männer aus Argentinien.

Mein Fenster geht zum Innenhof. Neugierig sehe ich hinaus. Eine Katze döst müde in der Sonne. Eine alte Frau fegt. Zwei Männer spielen Karten. Ich höre ein blechernes Radio. Feierabend-Stimmung in Buenos Aires. Ich schnappe mir schnell meine Handtasche und ziehe los. Ich will mehr sehen von meiner Traumstadt, die Stimmung hier einatmen, fühlen, was ihren Reiz ausmacht. Ich will hinter die spröde Kulisse sehen und den Charme des Alten, Verfallenen erspüren. Ich entdecke einen kleinen Platz und setze mich im Schatten einer riesengroßen Glyzinie auf eine alte Holzbank. Neben mir schnattern drei Frauen um die Wette. Ein Junge spielt mit Murmeln. Vögel picken Weißbrotkrumen vom Boden. Die Sommerluft lässt mich Freiheit atmen. Es ist schön hier.

In einer Bar bestelle ich mir einen kleinen Kaffee, einen »cortado«. Zum Glück habe ich in Deutschland einen Spanischkurs gemacht. Jetzt kann ich einfache Sätze sagen und recht ordentlich lesen. Auf dem Tresen liegt eine Zeitung: *El Clarín*. Sie ist sichtbar zerfleddert von den vielen Händen des Tages. Ich blättere neugierig darin, und wirklich, ein Zauberwort fällt mir sofort ins Auge: »Tango«. Und weiter: »Michelangelo« und »Casa

Blanca«. Ich habe mein erstes Tango-Show-Theater entdeckt. Plötzlich klopft mein Herz schneller. Ich bin angekommen.

*

Unglaublich, was Beine miteinander machen sollen. Llevadas, Sacadas, Ganchos. Antonio zeigt mir seit einer knappen Stunde in rasantem Tempo die Bewegungen und Schrittfolgen. Mein Kopf dreht sich, meine Beine aber noch nicht ganz so, wie ich es gern hätte.

Ich stehe in einem leer geräumten Zimmer einer Wohnung, die Maestro Antonio, ein knapp 60 Jahre alter Argentinier, den ich genau wie Lalo bei einem Workshop in Holland kennengelernt habe, für seinen Tanzunterricht angemietet hat. Damals in den Niederlanden hatte ich Glück, dass ich zwei Tangostunden bei ihm ergattern konnte. Er war nur für eine Woche da, und viele Tango-Fans wollten bei ihm lernen. Jetzt, in Buenos Aires, scheint er fast der einzige Tangolehrer in der Stadt zu sein. Der Grund ist ganz einfach: Man braucht hier keine Lehrer, weil Tango kaum mehr getanzt wird. Wie ich es in Deutschland schon gelesen habe, ist in Buenos Aires Tango gar nicht mehr modern. Die jungen Leute hier mögen wie bei uns Pop und Rock. Nur ein paar ältere tanzen in kleinen Lokalen, den Milongas, noch ihren Tango. Ganz anders im Ausland: Dort wird der Tanz durch den Erfolg der Show »Tango Argentino« immer beliebter. Viele Touristen kommen nur deshalb nach Buenos Aires und fragen nach Tanzstunden. Das nutzen die wenigen guten Milongueros wie Antonio, indem sie Unterricht für Ausländer geben, die sich nichts lieber wünschen, als Tango zu lernen.

»Noch einmal bitte«, strahle ich ihn an. Antonio schnalzt mit der Zunge, und seine goldüberkronten Zähne blitzen. Er ist klein und drahtig, mit Kugelbauch, seine schütteren graumelierten Haare sind wellig und streng nach hinten gekämmt. Er trägt eine graue Hose und ein weißes Hemd. Maestro Antonio könnte Italiener sein, denke ich oft. Seine Haut ist altersbedingt von einer gelblichen Schattierung. Aber seine Augen strahlen freundlich. Ich mag ihn.

Antonio spricht ein Spanisch mit argentinischem Akzent. Ich verstehe nur ein paar Brocken. Er lebt mit seiner Frau Inés im weit entfernten Stadtteil Mataderos, glaube ich zu verstehen. Jeden Tag legt er zu Fuß die Entfernung von 30 Blocks zurück, um hier zu unterrichten.

Die Zimmer sind sehr einfach. Roher Holzboden, lange Latten, in denen bereits der eine oder andere Span ausgerissen ist. An manchen Stellen ist das Holz schon grau und fast zu Staub zerfallen. Dazu gibt es hohe Stuckdecken und grauweiße Wände, die übersät sind mit vielen feuchten Flecken und schillerndem Schimmel.

Die Türen sind bestimmt über zwei Meter hoch, die großen Tanzspiegel blind. Zur belebten Calle Azcuenaga gibt es einen kleinen Balkon. Der Verkehr röhrt den ganzen Tag. Bei geöffneter Tür kann man kaum die eigene Stimme hören.

In einer Ecke steht ein alter schwarz lackierter Plattenspieler mit Hebearm, und Antonio muss ihn mehrmals hin und her schieben, bevor er mit einem Klick die Nadel absetzen kann und das Tango-Tanzorchester von Juan

D’Arienzo ertönt. Antonio hat nur diese eine Platte, und ich weiß nicht, wie oft ich sie in jeder Stunde höre.

Es ist der 4. Januar, und langsam beginne ich meine Tango-Reise zu genießen. Endlich sehe ich Licht am Horizont, denn die erste Zeit in Buenos Aires war nicht leicht: Die Weihnachtstage hatte ich allein in Uruguay am Strand verbracht. An einem warmen Sommertag nahm ich die Buquebus-Fähre über den Río de la Plata, um nach Colonia überzusetzen. Ich brauchte einfach Luft und Weite und musste die Grippe auskurieren, die mir mehr und mehr zu schaffen machte. Deshalb habe ich mich in einer winzig kleinen Pension am Meer einquartiert. Zum Glück war das Wetter hervorragend, und ich konnte das Strandleben genießen, oder besser: Ich konnte versuchen, es zu genießen. Denn das Alleinsein setzte mir mächtig zu. Heiligabend lag ich heulend im Bett. Es gab hier nichts, was mich an mein Weihnachten im fernen Deutschland erinnerte. Die Sehnsucht nach der Heimat, nach meiner Familie, nach Gänsebraten und deutschen Weihnachtsliedern war unendlich groß. Am liebsten wäre ich gleich wieder nach Hause gefahren. Aber ich hatte ja ein Ziel. Ich wollte Tango tanzen, und zwar richtig.

Anfang Januar kehrte ich dann nach Buenos Aires zurück und meldete mich bei Maestro Antonio an. Und jetzt darf ich also für 80 Dollar die Stunde mit ihm Tango tanzen. Der Unterricht ist Tag für Tag mein absolutes Highlight. Ich fiebere jeder Stunde entgegen. Noch habe ich fast drei Wochen Zeit in Buenos Aires. Die will ich nutzen.

Aber ich merke schnell, dass Antonio kein wirklich ausgebildeter Tanzlehrer ist. Er ist ein sympathischer alter Mann, der früher mit seinen Freunden am Wochenende zum Tanzen gegangen ist. Vermutlich war er einer der Besten unter den Freunden und tanzte oft vor. Sein ganzes Leben lang hat er sich indes als Gelegenheitsarbeiter über Wasser halten müssen. Doch nun verdient er sich auf seine alten Tage gutes Geld dazu. Er ist ein bewundertes Relikt aus der guten alten Tangozeit. Er gibt auch Unterricht für junge Einheimische, aber die zahlen nur einen Bruchteil von dem, was wir Ausländer hinblättern müssen.

Antonio hat überhaupt kein System, nach dem er arbeitet. Er tanzt einfach so, wie er es immer getan hat. Der Ablauf ist immer gleich. Doch genau das macht den Charme seiner Stunden aus, dass er unterrichtet wie das einfache Volk. Bei ihm lerne ich ein Stück authentische Tangokultur kennen.

Wenn ich komme, setzt Antonio seine Brille auf, drückt den Plattenspielerhebel hin und her und stellt sich vor mich. Dann fasst er mich an den Schultern und schiebt mich einen Schritt rechts zurück, links in die Seite, zwei Schritte vor, macht einen Schritt nach rechts wie einen Ocho. Vormachen, nachmachen, vormachen, nachmachen. Dann läuft er im Kreis um mich herum, und ich soll bei jedem seiner Schritte in seinen freien Beinraum kicken. Er zeigt mir die Abläufe. Ich tanze nach. Er spricht dabei kein Wort, erklärt nichts, brummt nur »no«, wenn es nicht klappt, lächelt und schnalzt, wenn es klappt. Immer wieder, ohne weitere Erklärung.

Dann wechselt er die Rolle. Jetzt laufe ich im Kreis um ihn herum und er kickt in meinen freien Beinraum.

Ich tanze also mal als Mann und führe Antonio, mal als

Frau und lasse mich von ihm führen. Allein diese Doppelrolle bringt mir unendlich viel für das Verständnis des Tangos. Ich lerne mich einzufügen, einzustellen, das komplette Paar zu begreifen. Das ist ein gutes Training. Und wir üben Einfühlung. Da muss man perfekt sein. Man muss genau wissen, was der Partner gerade macht, wo sein Fuß steht, wie er aufsetzt, wann Platz im Beinraum ist, um genau passend einfädeln zu können. Erst bedächtig, passend zum Rhythmus, dann immer schneller und schneller. Jede Schrittfolge muss exakt passen.

Wir üben das wieder und wieder. Ab und zu ist mein Stolpertag. Dann sind meine Unterschenkel voller blauer Flecken. Meine Zehen brennen und sind blutig. Antonio sieht mich dann mitfühlend an und zwinkert mir aufmunternd zu. Meist klopft er mir noch väterlich auf die Schulter. Aber er scheint nicht zu verstehen, warum ich mich so quäle.

»Antonio, un momentito por favor, einen Augenblick«, sage ich und versuche, mir die Schmerzen mit den Fingerspitzen wegzumassieren.

Antonio geht dann zum Fenster und schaut raus in den Himmel. Er nutzt die Unterbrechung für eine Verschnaufpause.

»Veni, nena!«, ruft er später, und ich mag es, wie er »nena« sagt, mich kleines Mädchen nennt, wie ein Vater seine Tochter. Das klingt so liebevoll. Ich richte mich dann wieder auf, beiße die Zähne zusammen. Und Antonio schiebt einmal mehr den Tonarm hin und her. Alles beginnt von vorn: »Einen Schritt rechts zurück, links in die Seite, zwei Schritte vor, mach einen Schritt nach rechts wie einen Ocho …«

Nach dem Unterricht laufe ich unermüdlich durch die Stadt und versuche alles zu sehen, was mit Tango zu tun hat. Ich ertappe mich, dass ich bereits bei den Buchstaben Tan… eine Vollbremsung einlege. Doch ich bin etwas enttäuscht. In Deutschland dachte ich, Tango bestimme das Leben der Argentinier. Aber er ist hier wirklich gar nicht »in Mode«, ja mehr noch: Er ist völlig »out«. Es gibt höchstens drei Shows, die in unregelmäßigen Abständen gezeigt werden, und gerade mal vier Tango-Salons, die Milongas. Ich besuche den größten, Glorias Argentinas, weil mir Maestro Antonio gesagt hat, dass hier noch wirklich echter Tango getanzt wird. Ich finde das Lokal in einem Vorort in einer winzigen Nebenstraße, hinter einem schmalen, unauffälligen Eingang. Als ich die große Holztür aufstoße und den schmalen gefliesten Flur entlanggehe, sehe ich auf eine riesige Tanzfläche, eingerahmt von kleinen Tischchen und Sitzgruppen. Ein Kellner bringt mich an einen der Tische. Die Beleuchtung ist gleißend hell. Ich sehe mich unsicher um. Junge Leute gibt es hier gar nicht. Es treffen sich nur noch wenige, vorwiegend alte Paare zum Tanzen. Einige etwas jüngere Tango-Fans kommen auch allein, so wie ich.

Obwohl ich nicht die einzige Frau bin, die ohne Partner hergekommen ist, fühle ich mich unwohl. Scheu beobachte ich, was passiert: Wie von unsichtbarer Hand gezogen steht hier ein Mann auf, dort eine Frau. Beide treffen sich zum Tanz auf der »pista«. Erst nach einer Weile verstehe ich das System. Man sucht Blickkontakt, verständigt sich durch ein kurzes Nicken zu einer Tanzrunde, einer »tanda«, und genießt den schönsten Tanz der Welt. Danach geleitet der Mann die Frau wieder an ihren Tisch zurück. So geht das die ganze Nacht hindurch.

Nach einiger Zeit werde ich mutiger, sehe mich vorsichtig um – und wirklich, ein Mann nickt mir zu. Er ist klein und etwa 60 Jahre alt. Ich stehe vorsichtig auf. Gleich ist es so weit. Gleich werde ich meinen ersten wirklichen Tango in Buenos Aires tanzen. Wir gehen zusammen auf die Tanzfläche. Mein Partner nickt mir kurz zu, begrüßt mich mit einem unverbindlichen »Hola, cómo está?«. Und schon geht's los. Einmal ausgeführt von einem Tänzer, erkennen die anderen, dass ich tanzen kann, und von nun an werde ich immer wieder aufgefordert. Ich tanze einfach immer weiter, und mit jedem Schritt lasse ich die Stadt ein Stückchen mehr in mein Herz.

Später gehe ich auch in die Tangoshow im Michelangelo und bin begeistert vom Orchester Leopoldo Friderico, das dort aufspielt. Im Casa Blanca entdecke ich ein großes Plakat von Luis Pereyra. Er tanzt dort, wenn er nicht gerade mit »Tango Argentino« auf Tour ist. Es wäre zu schön gewesen, ihn wieder auf der Bühne erleben zu können.

Unermüdlich durchstreife ich die Stadt, immer auf der Suche nach dem Tango. »Das ist doch nur was für die Alten«, entmutigt mich der Kellner, der mich im legendären Café Tortoni mit seinem Jahrhundertwende-Interieur bedient, in dem über die Jahrzehnte Berühmtheiten wie Jorge Luis Borges ein- und ausgingen. »Hier tanzt den kein Mensch mehr!«

Langsam macht sich dann doch eine gewisse Ernüchterung in mir breit. Man kann auch kaum etwas kaufen, was mit Tango zu tun hat. Allein für ein paar Tangoschuhe muss ich 15 Kilometer mit dem Bus hinaus in einen Vorort fahren. Der Kauf in einer kleinen Schuhfabrik ist dann allerdings ein Erlebnis. Zwei Schuster beraten mich, und ich kann aus vielen Sorten Leder und verschiedenen Riemchen und Absätzen genau das Modell auswählen, das ich mir wünsche. Ich entscheide mich schließlich für einen klassisch-schwarzen Schuh in glänzendem Leder und bin unsäglich stolz, als ich ihn eine Woche später bei Antonio eintanzen kann.

Mehr und mehr genieße ich das südamerikanische Lebensgefühl. Die Stadt pulsiert, ist voller Tempo. Aber der »porteño«, so nennt man den Einheimischen, hat trotzdem Zeit. Ein »licuado« (ein Milchshake) in der Bar, ein Schwatz auf der Straße – in Buenos Aires gehört das dazu. Man spricht gern und viel, lacht auch, wenn das Leben manchmal schwer ist, und lässt sich niemals anmerken, wenn es einem mal nicht so gut geht.

Und der Tango? Der scheint wirklich in erster Linie ein Relikt der Vergangenheit zu sein. Aber wenigstens ergattere ich in einem alten Antiquitätengeschäft auf der Calle Corrientes zwei Tango-Platten von Aníbal Troilo: *Yo soy el Tango* (Ich bin der Tango) und *Romance de Barrio* (Liebe im Viertel). Und in einem Buchladen fische ich unter einem Holztisch aus einem Pappkarton ein weiteres Schätzchen: Troilo und Grelas *Pa que bailen los muchachos* (Damit die Jungen tanzen). Auch je eine seltene Platte von Juan D'Arienzo und Carlos Di Sarli kann ich entdecken. Wie Trophäen hüte ich die Platten in meinem Koffer unter meinem Bett. Meine Freunde in Deutschland werden Augen machen, wenn ich die zu

Hause spiele! Echte alte Tango-Originale. Die letzten Reste des Tango am Río de la Plata? Es sieht fast so aus. Denn Tango scheint es wirklich mehr in unseren europäischen Köpfen zu geben, als hier vor Ort. Die jungen Argentinier pflegen ihn nicht mehr. Und die Alten sterben langsam aus. Noch lebt der Tango von alten Männern wie Antonio, die den Tanz noch aus ihrer Jugend kennen, selber tanzen und ihn nun unterrichten, weil sie in den tanzhungrigen Europäern eine lohnende Kundschaft entdeckt haben. Doch was kommt danach?

Als ich zurück nach Deutschland fliege, bin ich nachdenklich. Ist Tango Argentino bald Vergangenheit? Maestro Antonio sah es anders. »Tienes ángel, dich umweht etwas«, hat er mir zum Abschied gesagt. »Auf dir liegt ein Segen. Du wirst ganz viel erreichen, und der Tango wird dich begleiten.« Nur zu gerne schenke ich ihm Glauben. Ich werde an meinem Traum festhalten.

*

»Ach Nicole, lass das!« Klaus ist sauer. Wütend lässt er mich im Unterrichtsraum stehen und verschwindet in der Küche. Seit Tagen ist er schon so gereizt.

Vor zwei Wochen bin ich aus Buenos Aires zurückgekommen und sprudele über vor Eindrücken. Ochos, Cortes, Sentadas, ich habe so viele Schritte und Abläufe in Argentinien ganz anders gelernt als mit Klaus und will ihm jetzt zeigen, wie man in Buenos Aires tanzt. Und was macht er? Er lässt mich stehen, genervt, und trinkt lieber seinen Kaffee, statt mir zuzuhören.

Also mache ich allein weiter mit den Schülern. Heute

sind drei Paare da, dazu Julius und Steffi. Ich will ihnen vermitteln, was ich gesehen habe. Die Schrittfolgen, aber auch das Lebensgefühl dieser Stadt, in der der Tango seine Wurzeln hat. Ich berichte jedoch noch so vieles mehr, was mir aufgefallen ist: dass sich Männer untereinander mit einem Kuss begrüßen und die Männer ihre Frauen, wenn sie im Café oder im Bus nebeneinander sitzen, so eng umschlingen, dass sie kaum mehr Luft bekommen. Ich erzähle von Schlaglöchern auf den Straßen und den Bürgersteigen, von kaputten Fassaden und Bussen, die komplett ohne Fahrplan fahren. Nichts funktioniert nach System, nach feststehendem Plan, und man muss sich immer wieder an neue Situationen gewöhnen. So stellt die Regierung den Leuten jeden Tag sechs Stunden das Licht aus, um Strom zu sparen, wie ich am eigenen Leib erfahren habe. Dann ist es in einem ganzen Viertel der Stadt auf einen Schlag zappenduster. Aber irgendwie macht das den Menschen nichts aus. Es stört sie zwar, aber sie stellen sich geduldig darauf ein, und wenn es morgen anders ist, ist es auch gut für sie. Und genau so ist auch ihr Tanz. Immer anders, immer der Situation angemessen. Deshalb muss man die Schritte auch nicht zählen oder auswendig lernen. Man kombiniert immer nur neu, was man kennt und beherrscht, so wie es einem gerade gefällt oder die Situation es erlaubt.

Ich versuche deshalb, nicht nur Tanzschritte zu erklären, sondern auch ein Stück Argentinien nach Deutschland zu bringen – und den Tango so immer besser zu verstehen und auch andere dafür zu begeistern.

Tango gehört längst zu meinem Leben und breitet sich

unaufhaltsam darin aus, ja, er beginnt, alles andere zu verdrängen.

Ich bin zwar immer noch regelmäßig an der Uni und sitze oft schon morgens früh in der Agentur, experimentiere mit Logos und Farben, entwerfe, präsentiere. Doch egal, wie umfangreich mein Tagespensum ist: Ich verpasse keine Tango-Stunde. Wenn ich Unterricht habe, lasse ich alles stehen und liegen, rase im Bus nach Bilk, tanze, erkläre, zeige, führe vor. Ich möchte mein Studium absolvieren und brauche das Einkommen in der Agentur, aber unabhängig davon, wie wichtig mir das alles ist, der Tango ist längst wichtiger. Die Bilder von Luis und dem Tango-Argentino-Ensemble gehen mir wie die Musik einfach nicht mehr aus dem Kopf. Der Tango zieht mich an, unerklärlich, magisch. Ich *will* nicht mehr nur tanzen. Ich *muss* es!

*

»Ich möchte nicht auf die Bühne«, gesteht mir Klaus. Wir sitzen nach dem Unterricht in einem kleinen Bistro in der Düsseldorfer Altstadt und sprechen uns nach langer Zeit endlich aus. In den letzten Wochen sind wir häufig aneinandergerasselt. Klaus fühlt sich von meinen ständigen Verbesserungsvorschlägen attackiert, von meinem Ehrgeiz überfordert. Statt auszugleichen, teilt er aus. Zumindest empfinde ich das so. Es gibt Stunden, da sprechen wir jenseits der Tango-Erklärungen kein Wort miteinander. Mich belastet das. Ich brauche Harmonie. Ich will mit Menschen zusammen sein, die ich schätze, die ich mag, denen ich mich zugehörig fühlen kann.

Wenigstens meine Schüler aber sind echte Freunde geworden. Wir sind uns richtig nah. Ich will ihnen alles geben und bekomme dafür Dankbarkeit, Bewunderung, Anerkennung, Respekt zurück. Nur mit Klaus ist es schwierig geworden. Jetzt sagt er endlich offen, was ihn stört. Er fühlt sich von mir in eine falsche Richtung getrieben.

»Willst du denn immer nur unterrichten?«, hake ich nach.

Klaus nickt. »Ich bin nicht so wie du. Du bist unglaublich diszipliniert, sehr ehrgeizig. Du hast Biss. Das habe ich sofort gemerkt, als ich dich das erste Mal im Unterricht sah. Aber ich will, dass es so bleibt, wie es ist, Nicole. Ich bin mit meiner Schule glücklich. Ich mag es einfach.«

Als ich spät in der Nacht nach Hause gehe, ist mir klar, dass sich unsere Wege trennen müssen. Ich will mehr! Ich will den Tango richtig kennenlernen und in den Tanz und die Musik eintauchen. Ich will mit dem Kopf verstehen und mit ganzem Herzen fühlen. Aber ich weiß nun, dass ich das nicht mit diesem Partner erreichen kann.

Doch wie soll ich weitermachen? Seit meiner Reise nach Buenos Aires erscheint mir mein ganzes bisheriges Tanzleben laienhaft und unprofessionell. Ich weiß doch jetzt, wie es besser geht. Und ich will das auch leben. Ich will optimal unterrichten, hervorragend tanzen – und ich will auf die Bühne. Ich bin in erster Linie Künstlerin, keine Lehrerin, obwohl ich gut unterrichten kann.

*

Noch zwei Minuten. Dann ist es so weit. Das Orchester spielt einen Tusch. Das Licht ist eingestellt. Wir vier Tänzer, das Duo Arraball mit Annette und ihrem Partner Ramón sowie der argentinische Tänzer Alejandro aus Paris und ich haben unsere Positionen eingenommen. Gleich geht der Vorhang auf.

Wir haben einen Auftritt im Tigerpalast, dem berühmten Varieté-Theater in Frankfurt. Seit fünf Monaten stehe ich jetzt regelmäßig auf Kleinkunstbühnen. Aber das ist heute etwas anderes. Hier tanzen nur Profis – und heute ich.

Es ist Januar 1989, und ich bin furchtbar aufgeregt. Es sind nur noch Sekunden, dann ist der Augenblick gekommen. Ich schließe die Augen und bin hoch konzentriert. Michael, der Bühnenmeister, gibt das Zeichen. Vorhang auf! 200 Zuschauer sehen mich an. Warmer Begrüßungsapplaus. Die berühmte Melodie von *El Choclo* ertönt, und es gibt nichts mehr als Musik und Tanz. Ich bin in einer anderen Welt. In meiner. Ich fühle mich glücklich.

Ich tanze, dass der Holzboden vibriert und die Schwingungen in meinen Körper zurückfließen. Ich tanze mit der Erde.

»Was hat Nicole, was die anderen nicht haben?«, hat einmal ein Schüler in Berlin im »Estudio Sudamérica« meinen damaligen Lehrer Dietrich Lange gefragt, als ich an einem seiner zweimal im Jahr stattfindenden Tango-Workshops teilgenommen habe.

»Sie ist erdverbunden, das macht den Unterschied aus«, war seine Antwort.

Damals habe ich nicht wirklich verstanden, was er damit meint. Jetzt, auf der Bühne, spüre ich es. Wer mit der

Erde verbunden ist, hat einen eigenen Swing, weil die Erde die Schwingung zurückgibt und der tanzende Körper einen besonderen Rhythmus annimmt. Ich tanze, als wäre ich allein. Ich tanze, als hätte ich nie etwas anderes gemacht in meinem Leben. Ich bin weit, weit weg. Alles ist im Fluss, jeder Schritt und jede Drehung, Tempo und Rhythmus sind perfekt.

Und dann ist es vorbei. Die Musiker setzen ihre Instrumente ab. Das Publikum klatscht begeistert. Es ist das erste Mal, dass mir richtiger Bühnen-Applaus gilt, und ich bekomme eine Gänsehaut.

Ich erfahre die Achtung von so vielen Menschen, denen meine Leistung gefallen hat und die mich mit frenetischem Klatschen und Bravo-Rufen dafür belohnen wollen. Das beeindruckt mich zutiefst. Ich habe den Menschen etwas gezeigt, was sie berührt hat, und dafür zollen sie mir Anerkennung. Dieses Gefühl der Bestätigung ergreift mich in meinem Innersten. Ich verbeuge mich an diesem Abend nicht, weil man es so macht. Nein, ich verbeuge mich, weil ich den Drang dazu verspüre und es so empfinde. Ich verbeuge mich aus Dankbarkeit vor meinem Publikum und vor dem Schicksal. Denn ich durfte etwas Eigenes zeigen, ich durfte Tango gestalten. Die Zeit auf der Bühne hat mich meine ganze Kraft gekostet, aber sie hat mir so unendlich viel geschenkt, sie hat mich innerlich satt gemacht.

Später im Auto, auf dem Heimweg, bin ich noch nicht wieder in der Realität angekommen. Hinter mir liegt ein Kleidersack, in den ich mein Kostüm verstaut habe. Ich trinke einen Schluck Wasser aus der Flasche und weiß mich nicht mehr einzuordnen. Es ist, als ob ich an diesem

Abend eine Grenze überschritten hätte. Ich spüre, es ist etwas Folgenschweres passiert. Ich bin nur noch auf dem Papier eine Grafikstudentin. In meinem Herzen bin ich Tänzerin, bereit zu leiden, Schmerzen hinzunehmen und mit grenzenlosem Ehrgeiz mir und meinem Körper alles abzuverlangen – um ein Leben lang auf der Bühne zu stehen und dort mein Glück zu finden.

KAPITEL 4

»Haben Sie Zeit? Wir wurden gebeten, mit Ihnen Kontakt aufzunehmen, und würden Sie gern für eine Produktion in Toronto engagieren.« Ich sitze am Schreibtisch der Werbeagentur in Düsseldorf. Es ist Ende September 1989, und ich halte den Hörer ganz fest in meiner Hand. Ein Showproduzent aus Kanada ist am Apparat. Er spricht Englisch mit starkem spanischem Akzent, und ich denke als Erstes, dass ich mich verhört habe.

»Wie bitte? Was haben Sie für mich? Ich kann Sie nicht richtig verstehen«, antworte ich mit klopfendem Herzen. Meine Kollegen starren mich neugierig an. Ich muss sichtlich aufgeregt sein und hake immer wieder nach.

Aber ich habe ihn richtig verstanden. Er will mir tatsächlich ein Engagement als Tänzerin geben. Ich kann in Toronto auf der Bühne stehen und Tango tanzen, sieben Tage die Woche, drei Monate lang.

»Warum ausgerechnet ich? Hat mich jemand empfohlen?«, möchte ich wissen, und meine Stimme überschlägt sich fast vor Freude. Aber ich warte die Antwort gar nicht mehr ab und lasse ihn einfach weitersprechen.

Es ist doch sowieso egal, warum man mich will. Ich habe mir in den vergangenen Monaten nichts mehr gewünscht als zu tanzen. Und jetzt gibt mir jemand die Gelegenheit dazu. Und nicht irgendwo auf einer kleinen Bühne, nein, ich darf in der Danforth Music Hall der Millionenstadt Toronto auftreten. Es soll sehr bald schon losgehen. Bereits für den 23. November ist die Premiere angesetzt.

Ob ich will? Warum fragt er das? Natürlich will ich, zu 100 Prozent, und ich sage sofort: »Yes, I will! I will be in Toronto whenever you want.«

In drei Wochen soll ich fliegen. Das Theater will mir einen Vertrag und das Ticket schicken. Für alles andere ist gesorgt.

In der Firma gibt es dann Streit. Mein Chef will mir keinen Urlaub mehr geben.

»Du musst dich entscheiden«, sagt er knapp. Damit ist klar: Ich kündige. Die Entscheidung fällt mir nicht schwer. Das ist die Chance, auf die ich so lange gewartet habe. Ich gehe wie auf Wolken aus dem Büro. Kanada, ich komme!

*

»Du bist verrückt. Das ist doch viel zu unsicher«, warnen mich meine Freunde, als ich euphorisch von meinen Plänen erzähle.

»Finger weg«, rät meine Mutter.

Papa schüttelt gleich mit dem Kopf und schaut auf den Boden. So wie er es immer macht, wenn er etwas ablehnt. Aber er sagt: »Du wirst schon wissen, was du tust.« Wirklich? Tue ich das? Nun mache ich mir doch so langsam Gedanken über meine spontane Entscheidung, jenseits des großen Teichs etwas ganz Neues zu versuchen.

Aber egal, ich will einfach von all dem nichts hören

und schlage sämtliche Warnungen in den Wind. Ich kann von nun an auf der Bühne stehen und Tango tanzen. Das allein zählt für mich. Die Vernunft ist ausgeschaltet. Ich bin nicht zu bremsen und will keine Zeit mehr verlieren. Ramón und Annette, meine Tanzpartner, werden auch eine Zeit lang ohne mich auskommen. Und Klaus kann die Schule auch allein managen. Meine Schüler hingegen, so male ich mir aus, werden platzen vor Stolz, wenn ich ihnen von dem Engagement erzähle.

Entschlossen gebe ich meinen Studienplatz auf und kündige meine Wohnung. Möbel und Hausrat verstaue ich in Kisten und lagere alles bei meiner Schwester Mylène ein. Ich will so schnell wie möglich allen Ballast über Bord werfen, um frei zu sein für den Tanz.

Doch es gibt ein Problem: Es trifft keine Post aus Kanada ein! Jeden Morgen warte ich ungeduldig auf den Postboten und stürme im Stundentakt zum Briefkasten. Doch der ist immer leer! Was jetzt? Die Zeit drängt, und meine Nervosität wird jeden Tag größer. Am 27. Oktober soll mein Flugzeug gehen – und am 23. Oktober habe ich weder Vertrag noch Ticket.

Gegen Mittag sehe ich von der Haustür aus den Briefträger auf der gegenüberliegenden Straßenseite und stürme ihm entgegen. Wieder umsonst! Jetzt habe ich zittrige Knie. Mir wird schlecht. Alles dreht sich. Mühsam hangle ich mich am Treppengeländer zurück nach oben in meine Wohnung. Und dann hocke ich zwischen Kartons, Tüten und abgebauten Möbelteilen und bin restlos verzweifelt. Alles auf ein Karte gesetzt und alles verloren, so geht es mir durch den Kopf.

Ich stehe ganz offenbar vor dem Nichts! Ich habe meinen Job aufgegeben und meine Wohnung gekündigt. Es gibt nicht mal mehr eine Matratze hier. Seit zwei Tagen schlafe ich auf einem Wintermantel, mit einer Decke und zwei Kissen, alles ausgebreitet auf dem nackten Holzboden. In vier Tagen ist Monatsende, und mein Mietvertrag läuft aus. Wo soll ich dann hin? Ich stehe quasi auf der Straße. Wie konnte ich nur so naiv und leichtgläubig sein? Ich habe meine komplette Existenz aufgegeben, nur weil mir jemand telefonisch ein Engagement versprochen hatte. Ich weiß nicht mal mehr genau, wer mit mir verhandelt hat, und eine Telefonnummer habe ich auch nicht vom Büro oder Theater. Meine Kollegen werden sich kringelig lachen über so viel Dummheit.

*

»Du siehst aus wie ein Clown!«, lästert Aurora, eine meiner argentinischen Kolleginnen aus dem Tango-Ensemble. Ich habe Kostümprobe und passe in keines der Kleider, die für mich vorgesehen sind. Wie auch? Mit meinen 1,76 überrage ich alle anderen 13 Tänzer fast um einen Kopf, Männer inclusive. Neben den Mädels sehe ich aus wie eine übergroße Matrone in Kinderkleidern. Kein Wunder, dass sie sich über mich lustig machen.

Seit einer Woche bin ich nun in Toronto und alles andere als glücklich. Dabei sah es eigentlich am Ende doch noch nach einem Happy End aus. Denn genau zwei Tage vor meinem geplanten Abflug lag der lang ersehnte Umschlag endlich in meinem Briefkasten. Man hatte Wort gehalten! Ich hielt einen Vertrag und ein Ticket in Händen.

Doch in Toronto folgte die Ernüchterung auf dem Fuß.

»Was haben die sich denn dabei gedacht«, höre ich zwei Mädchen tuscheln. Gut, dass ich zu wenig Spanisch spreche, um den Rest auch noch zu verstehen. Aber sie gackern wie die Hühner, als ich in dem für mich viel zu kurzen Kostüm vor der Schneiderin stehe. Zwei andere mustern mich fast schon abfällig. Mir tut das weh. Ich fühle mich richtig ausgegrenzt. Ich bin doch allein aus Deutschland gekommen und habe gehofft, dass man mich hier mit offenen Armen empfängt. Aber das Gegenteil ist der Fall. Ich werde nicht nur kritisch beäugt, nein, man lässt mich deutlich spüren, dass man mich nicht dabeihaben will. Wenn ich hier überleben will, muss ich mir ein dickes Fell zulegen!

»Ich nähe dir in der Taille einen zwanzig Zentimeter breiten Streifen ein«, meint die Schneiderin. Wie das wohl später auf der Bühne aussehen wird? Ich bin verunsichert.

Doch das ist noch nicht alles. Denn als Nächstes verpasst man mir viel zu hohe Absätze, in denen ich Mühe habe, heil über die Bühne zu kommen.

Und ich bekomme bei meinem Start in die ersehnte Bühnenkarriere noch mehr Dämpfer verpasst. Denn es bleibt nicht bei den äußerlichen Einschränkungen. Schon die erste Probe zeigt deutlich, dass ich künstlerisch nicht mithalten kann! Neben mir stehen absolute Vollprofis, die jede Schrittfolge gekonnt abspulen. Lachend und schnatternd tanzen sie alles, als sei es ein Kinderspiel. Ich fühle mich neben ihnen wie aus einer Schultanzgruppe. Es ist ganz klar: Ich bin einfach zu schlecht.

Und sehr ernüchtert! Aber ich lasse mir das nicht anmerken, sondern versuche mich so gut wie möglich durchzumogeln. Doch auch das ist schwer, denn ich verstehe ja nicht mal die Anweisungen. »Bailar una variación« (eine Variation tanzen) oder »Vuelta americana« (jetzt eine amerikanische Drehung) – ich ahne immer nur, was mir der Tanztrainer sagen will. Aber ich traue mich auch nicht zu fragen. Stattdessen schiele ich ständig zur Seite und versuche, meine Kollegen zu imitieren. Verdammt, irgendwie muss es doch gehen!

Doch ein richtiger Schock stellt sich ein, als ich meine Rolle bekomme. Mein Partner ist Pepito, ein alter Milonguero, den ich zufällig schon in Buenos Aires kennengelernt hatte. Er arbeitete wie Antonio als Tangolehrer. In Toronto soll er mit mir eine lustige Einlage tanzen. Pepito ist klein und rundlich, schiebt einen großen Bauch vor sich her, und sein Kopf geht mir gerade mal bis zur Brust. Als wir tanzen, ernten wir schallendes Gelächter. Und jetzt begreife ich auch, warum man gerade mich haben wollte. Ich bin die Lachnummer in einer Show, der weibliche Pierrot, na bravo! Jetzt bin ich völlig am Boden und zweifle, ob ich dem Ganzen hier gewachsen bin.

Habe ich mir zu viel zugemutet? Ist es besser, wieder nach Hause zu fliegen? Viele Gedanken drehen sich in meinem Kopf. Aber ich tue das, was ich in solchen Situationen bisher immer gemacht habe. Ich sage mir: Nun erst recht!

Pepito ist mir zwar keine große Stütze, aber er macht mir das Leben auch nicht schwer. Er entpuppt sich als sehr sympathischer Mann mit großer Herzlichkeit. Und weil Pepito mich mag, macht er mir Mut. »Halt durch, du packst das!«, sagt er mir immer, wenn wir uns auf dem

Gang im Theater begegnen. Und wenn ich ihn dann bitte, dass er mit mir die Schrittfolge trainiert, lacht er nur und meint grinsend: »Ja, ja, das wird schon.«

Seine Zuversicht spornt mich an. Ich will nicht aufgeben. Ich will es schaffen und bin bereit, viel dafür zu tun. Wenn meine Kollegen nachmittags in die Stadt verschwinden, um zu shoppen, oder sich in ihren Zimmern ausspannen, gehe ich ins Studio und übe, übe, übe. Ganz früh quäle ich mich aus dem Bett, bei 20 Grad minus, und fahre ins Zentrum, um Jazz-Unterricht zu nehmen. Und ich mache tatsächlich rasante Fortschritte, was mich regelrecht dazu beflügelt, noch mehr zu üben.

Ich übe Taktschläge und Sequenzen zählen, übe Choreographien ein, übe schauspielern. Das hier ist nicht mehr Düsseldorfer Kleinkunst. Das hier ist großes Stadt-Theater mit ausgebildeten Tänzern und einem kompetenten Publikum. Aber ich werde es allen zeigen. Ich habe begriffen, dass ich in dieser Tango-Welt nur bestehen kann, wenn ich besser bin als alle anderen.

Ich trainiere bestimmt die doppelte Zeit, die angesetzt war. Oft komme ich erst nach Mitternacht in meiner WG an, mit kaputt getanzten Zehen, schmerzenden Beinen und Stichen im Rücken, aber auch dem Gefühl, viel gelernt zu haben.

Das Zimmer teile ich mir mit meiner argentinischen Kollegin Cecilia. Meist schläft sie schon, wenn ich komme, und ich taste mich im Dunklen zu meinem Bett, schlüpfe hinein und falle sofort in einen erlösenden Schlaf. Mein Körper ist total erschöpft.

»Che, Nicole, va mejor, verdad? Es geht besser, stimmt's? Ich habe dich heute tanzen sehen. Toll machst du das«, flüstert mir eines Abends meine Zimmergenossin Cecilia leise zu.

Ich bin überrascht. Ich dachte, sie schläft schon. Ihr Kompliment bricht das Eis. Ich bin wohl doch nicht mehr die lange Doofe aus Deutschland, die alle links liegen lassen, sondern eine Kollegin, die man für ihre Disziplin und ihren Einsatz ernst nimmt, die man sogar in künstlerischer Hinsicht anerkennt und die vielleicht sogar ganz nett ist.

»Danke, danke, dass du das sagst«, antworte ich gerührt. Und dann stehe ich auf, setze mich zu Cecilia ans Bett und nehme sie fest in den Arm. »Weißt du«, sage ich leise zu ihr, »du bist eine ganz wunderbare Kollegin!«

Cecilias Lob wird zur Wende. Ich weiß jetzt, dass ich auf einem guten Weg bin. Ich habe offenbar viel gelernt. So viel, dass die jungen, ambitionierten Tänzer jetzt gern mit mir auf die Bühne gehen. Die Stimmung hellt sich auf. Ich gehöre plötzlich dazu, bin anerkannt, eine von ihnen. Und das Schönste daran ist für mich, dass ich mir diesen Platz erarbeitet habe. Hart und unermüdlich.

Wir tanzen uns von Erfolg zu Erfolg. Das Publikum in Toronto nimmt die Show an. Sie geht nach den geplanten drei Monaten sogar für zwei weitere in Verlängerung. Mein Ticket nach Düsseldorf muss umgebucht werden, von Anfang März auf Ende April. Aber ich will gar nicht zurück nach Deutschland. Was soll ich dort? Ich kann nicht wieder zurück auf die Kleinkunstbühnen. Dafür habe ich mich zu sehr geschunden. Ich will jetzt da anknüpfen, wo ich gerade aufgehört habe, und noch besser Tango tanzen als bisher, und zwar dort, wo der Tango herkommt, in Buenos Aires.

Mein Ticket wird noch einmal umgebucht. Anfang Mai 1990 sitze ich dann in der Maschine Richtung Argentinien und sehe wehmütig aus dem Fenster. Es ist ein Nachtflug. Dort unten, in der hell erleuchteten quirligen Hafenstadt Toronto, habe ich endgültig begriffen, wohin mein Weg geht. Ich lehne mich zurück ins Polster, schließe die Augen und bete. Ich bin dem lieben Gott dankbar, dass er mir geholfen hat, meinen Weg zu finden …

KAPITEL 5

Rond de jambe, plié y petit battement sur le cou de pied.« Ich stehe an der Ballettstange und versuche mich zum wiederholten Mal an den »petits battements«, diesen kleinen, schnellen Fußbewegungen, übe sie auf der Fußspitze. Neben mir trainieren sieben junge Mädchen, keines älter als 15 Jahre. Wir schauen alle in den Spiegel und während wir den »port de bras« machen, die weiche Armbewegung, biegen wir das Kreuz erst in die eine Seite, dann in die andere.

»Arriba! Cuidado el mentón!« Ich soll auf mein Kinn achten. Unser Lehrer spricht klar, bestimmt. Es ist kein Geringerer als Alfredo Gurquel, der wohl berühmteste Tanzlehrer Argentiniens. Seit zwei Monaten nehme ich nun Unterricht in klassischem Tanz. Das Übungsstudio, in dem wir uns zweimal die Woche treffen, liegt an der geschichtsträchtigen Calle Pasteur, die mitten durch das Zentrum der Stadt führt. Maestro Alfredo hat ein revolutionäres Trainingssystem entwickelt, bei dem Tänzer mit geringstem Kraftaufwand geschmeidige Bewegungen vollbringen, indem sie versteckte innere Muskeln einsetzen. Deshalb kommen auch die ganz großen Tänzer zu ihm, viele davon aus dem Teatro Colón, der größten und bekanntesten Bühne Argentiniens: Das Colón fasst 3500 Zuschauer und weist ein prachtvolles Ambiente aus

Samt, Stuck und Goldverzierungen auf. Als ich das erste Mal die Stufen zu diesem riesigen Prachtbau hinaufging, war ich total aufgeregt. An diesem legendären Ort tanzt und spielt die Elite Argentiniens. Und diese Elite nimmt nun hier im selben Studio Unterricht wie ich. Mein Ehrgeiz brennt lichterloh.

Dreimal in der Woche fahre ich von San Telmo aus mit dem Bus ins Zentrum und laufe dann auf meinem Weg zum Studio von Maestro Alfredo euphorisch über die unfassbar breite Avenida 9 de Julio, den größten Boulevard der Welt, der wie eine gigantische Landebahn den Stadtdschungel in zwei Hälften teilt.

Ich habe in Toronto gemerkt, dass ich meinen Körper nur als Instrument nutzen kann, wenn er richtig gestimmt ist. Und nur der Muttertanz aller Tänze kann einen Körper perfekt schulen und ausbilden. Gut, ich habe Flamenco gemacht, Jazzdance, Gymnastik, Modern Dance, das hat auch alles Freude bereitet und mich gelenkig, schnell und belastbar werden lassen. Aber die richtigen Bewegungsabläufe, das Weiche, Fließende, das Können, »den Körper wirklich zu beherrschen«, das lernt man so nicht. Nur der klassische Tanz bildet einen Künstler für die Bühne aus.

Also trainiere ich jetzt bei Alfredo auf Spitzenschuhen. Das tut höllisch weh. Ich setze mich oft an den Rand und massiere meine Füße. Mónica, eine exzellente Tänzerin des Theaters, kommt einmal zu mir und gibt mir den Tipp, vorn in den Schuh ein Stück Fleisch zu legen. Sie mache das immer, wenn sie es gar nicht mehr aushalten könne vor Schmerzen, aber trotzdem weitertanzen müsse.

»Fleisch?!«, wiederhole ich fassungslos.

Sie nickt.

»Ja, ein Stück rohes Rindfleisch. Das hilft wunderbar!«

Meine Güte, ich bin froh, dass meine Füße noch nicht *so* kaputt sind. Auch wenn sie immer schmerzen und ich sie mit verzerrtem Gesicht massiere.

»Qué pasa? Estás cansada?« Alfredo sieht mich an. »Was ist los? Bist du müde?«

Ich schüttle bestimmt den Kopf. »Niemals«, strahle ich ihn an.

Ich atme tief durch, stelle mir den fiktiven Knopf vor, mit dem ich meinen Bauchmuskel mit dem Rückgrat verschließe, nehme die Grundstellung ein und mache weiter. Ich soll das Knie nicht blockieren, sondern es noch länger strecken. Bueno, ich bin dabei!

»No bloquées la rodilla, tienes que estirar la pata de ganso.« Es ist nie genug. Ich weiß es. Ich mache weiter und werde immer weitermachen, vermutlich mein Leben lang.

*

»Hola Nicole, cómo estás? Wie geht's dir? Komm rüber. Wir warten auf dich!« Das El Tío, meine kleine Stammpizzeria in San Telmo, ist rappelvoll. Am Ecktisch sitzen meine Freunde, alles Tänzer, die seit drei Wochen mit mir im Teatro Colón auf der Bühne stehen. Ja, ich habe es geschafft! Ich habe mein erstes Engagement als Tänzerin! Ein Kollege hatte mir verraten, dass es ein Casting gebe. Unter 250 Tänzern wurden 25 ausgewählt. Und ich bin eine von ihnen!

Jetzt trainiere ich vier Monate tagtäglich, und im Dezember werde ich dann viermal auftreten. Ein Riesenerlebnis. Ich bekomme zwar nicht viel Geld. Aber das ist nicht wichtig. Ich würde auch umsonst dort tanzen. Eine bessere Referenz gibt es gar nicht.

Zum Glück kann ich es mir im Moment leisten, so zu denken. In Toronto bin ich in Dollars bezahlt worden und konnte Geld auf die Seite legen. Ich kann damit Alfredos Stunden bezahlen und es mir auch sonst gut gehen lassen. Kann ausgehen und mit meinen Freunden abends durch die Stadt streifen, einen Kaffee trinken, eine Pizza essen. Wobei es mir weniger um das Essen geht als darum, zur Clique zu gehören. Die letzten Wochen in Toronto haben mir gezeigt, wie schön es ist, einen Freundeskreis zu besitzen, zu lachen, zu quatschen, einfach unbeschwert zu sein.

»Morgen tanze ich im Café Homero, ich kann Freikarten für dich bekommen«, sagt Pilar, eine junge Tänzerin. Ich werde neugierig. Das Café Homero ist ein angesehener In-Treff für Tango-Fans in der Stadt. Besonders am Wochenende ist das Lokal beliebt wegen seiner Musik. Meist kommen ältere Paare, hören einen Tango, trinken Whiskey oder Gancia, wie man den Vermouth hier nennt. Die Stimmung ist sehr gediegen. Ab 23 Uhr geht's los, und vor 4 Uhr morgens ist nie Schluss. Seit einiger Zeit lässt der Wirt auch Tanzpaare hier auftreten. Das kommt beim Publikum gut an. Pilar tanzt am Wochenende. Aber unter der Woche werden noch Tänzer gesucht. Ich würde gern dabei sein und stelle mich noch gleich am selben Abend vor. Volltreffer! Eine Woche später habe ich ein Engagement in der Tasche. Zweimal in der Woche trete ich von nun an im Café Homero auf.

Das ausschließlich einheimische Publikum wundert und freut sich über jeden Ausländer, der sich mit seinem Tango beschäftigt. Eine Tänzerin aus Deutschland ist etwas Besonderes. Aber ich komme gut an. Weitere sechs Tage später hängt am Eingang schon ein Plakat, auf dem mein Name genannt wird.

»Das Publikum liebt dich«, meint Rody, der ältliche Chef des Café Homero. »Die fragen immer öfter nach dir. Du tanzt, was wir fühlen.«

Und der Erfolg spricht sich herum. Ich bin groß, blond, grazil und die einzige Ausländerin, die in Buenos Aires professionell Tango tanzt. Ich merke schnell, dass ich zur richtigen Zeit am richtigen Platz bin. Der weltweite Erfolg der Show »Tango Argentino« mit dem unvergesslichen Auftritt von Luis Pereyra hat nicht nur mich an den Río de la Plata gelockt. Immer mehr Touristen aus der ganzen Welt laufen plötzlich durch die Straßen und suchen nach klassischen Tango-Lokalen und Theatern, in denen sie eine Show sehen können. Aber die gibt es kaum. Genau wie ich vor gut einem Jahr stellen jetzt auch immer mehr Urlauber fest, dass Tango in Argentinien in die Jahre gekommen und höchstens ein Nischenangebot ist. Aber wer Tango sagt, denkt eben automatisch an Buenos Aires. Und Urlauber bringen wertvolle Devisen. Das begreift man in Argentinien schnell. Und so lässt man den Tango kurzerhand wieder aufleben.

Besonders in San Telmo und La Boca werden jetzt schnell alte Traditionslokale aufwändig renoviert und wieder eröffnet, neue schießen wie Pilze aus dem Boden. Auf großen Plakaten werben Tanzpaare für ihre Shows. Tango wird von Monat zu Monat populärer. Doch ich schaue dem ganzen Treiben auch etwas beunruhigt zu. Wo ist mein Buenos Aires, diese schillernde Welt, in der man noch entdecken, suchen, finden durfte?

Ja, es gibt noch einen Tango fernab vom Kommerz. Zum Beispiel in alten Hinterhof-Milongas, in denen sich wenige Einheimische, noch unentdeckt von Touristen, treffen, um ihren Tango zu tanzen. Aber ich ahne, dass es damit bald vorbei sein wird.

»Kannst du auch bei uns tanzen?« Ich bekomme plötzlich ständig Anfragen und stehe in allen berühmten Häusern auf der Bühne. Im Casa Blanca, im Michelangelo oder im La Ventana, allesamt stilvolle Tangotempel mit langer Tradition. Die Bestuhlung ist aus tiefdunklem Holz, die Tische sind mit gestärkter Wäsche bedeckt. Es wird hauptsächlich einheimischer Weißwein angeboten, Etchart Privado, Suter Marón oder Michel Torino aus Mendoza. In manchen Häusern gibt's auch Steaks und Empanadas, lecker gefüllte Teigtaschen. Abend für Abend stehen mehr Touristen an der Eintrittskasse, um Tango zu erleben, aber auch, und darauf bin ich ganz besonders stolz, um mich zu sehen.

*

»Direkt neben meiner Wohnung hat gestern ein Schuhgeschäft für Tango-Mode aufgemacht«, erzählt mir meine Freundin Natalia, eine argentinische Medizinstudentin. Ich muss schmunzeln und erinnere mich daran, dass ich vor fünf Jahren, so viel Zeit ist mittlerweile schon ins Land gezogen, noch eine unendlich lange Busfahrt auf mich nehmen musste, um ein paar Tango-Schuhe kaufen zu können. Und jetzt, im Sommer 1993, hat der Tango-Boom die Stadt regelrecht überrollt. Buenos Aires hat sich fein gemacht für Tango, mit Theatern, Bars und Salons, Geschäften und Kostümverleihen. Es gibt Tango-Schulen für Touristen, Tango-Schneider, Hutmacher und neuerdings auch Tango-Hotels. Die Stadt flittert. Es macht vielen Menschen jetzt Spaß, hier zu sein.

Und die Show-Paläste sehen wieder so traditionell aus wie in den 40er-Jahren, als der Tango Buenos Aires kulturell prägte. Es gibt restaurierte alte Tanzsäle, mit Parkett, eleganten Lampen und viereckigen kleinen Tischen, die die Tanzfläche umrahmen, in der Art des klassischen »salón bailable«, des Tanzsalons.

Und überall in Buenos Aires veranstaltet man wieder Milongas. Und die richtet man mittlerweile in jedem Ambiente aus, in Hallen und Sportclubs, die, mit Plastiktischen und Neonröhren unter der Decke, für Schlichtheit sorgen. Oder in plüschigen Kaschemmen mit dunkelroten Sofas, samtbezogenen Sesseln und dunklen Lacktischen. Doch geht es gerade hier weniger um den Tanz als vielmehr um das Kennenlernen. Viele Touristinnen erhoffen sich einen schnellen Flirt mit einem glutäugigen Argentinier. Tango hat in Buenos Aires eben viele Gesichter.

KAPITEL 6

Die Touristen kommen jetzt in Scharen – und ich bin schon da. Wenn ich mich nach der Show mal ins Publikum mische, stellen mir viele erstaunte Fragen. Ich passe nicht in das Bild einer Tango tanzenden Argentinierin. Entweder fragen sie mich, warum ich »fließend Deutsch spreche« oder warum »mein Spanisch einen Akzent hat«. Besonders die Einheimischen können nicht glauben, dass ich mich als Ausländerin so sehr in den Tango einfühlen kann.

Ich tanze mittlerweile in fast jeder Show mit, die einen Namen hat. Es ist eine kleine Szene, jeder kennt jeden. Aber wir Tänzer sind auch Konkurrenten, das darf ich nie vergessen. Bei den Showdirektoren geht es um Gefallen, Überzeugen, jeder will der Beste sein, als Erster vorgestellt werden und eine besondere Nennung im Programm haben. Es ist ein ständiges Abwägen, Aushandeln, Interessen vertreten. Je bekannter ich werde, desto einsamer bin ich. Ich merke, dass ich keine wirklichen Freunde hier in Buenos Aires habe, sondern nur Tänzer kenne, die so lange lieb zu mir sind, wie ich ihnen den Ruhm nicht streitig mache.

Einer aber ist anders: Luis Pereyra. Seit ich ihn damals in der unvergesslichen Vorstellung von »Tango Argentino« sah, habe ich mich immer wieder an seine faszinierende Show erinnert und ihn mir als Vorbild genommen. 1994 begegnen wir uns dann bei der Vorbereitung für eine große Gala.

»Du musst in deinem Herzen viel Liebe für mein Land haben«, meint er als Erstes, und ich fühle mich sehr geehrt. So ein wunderbares Kompliment aus dem Munde eines der bekanntesten argentinischen Künstler, ich bin tief bewegt.

Luis ist sehr schlank und muskulös. Seine tiefschwarzen Haare fallen ihm lockig ins Gesicht, und er strahlt mich offen an. Ein faszinierend attraktiver Mann! Unkompliziert streckt er mir seine Hand entgegen, begrüßt mich mit einem Küsschen. Er ist unglaublich ruhig und warm in seinem Wesen. Das hatte ich so nicht erwartet.

In den nächsten Wochen erlebe ich, wie schön es ist, mit ihm zu arbeiten. Die ganze Zeit macht er Witze, gibt aber auch sehr klare Anweisungen. Wachsam und warm schauen seine samtschwarzen Augen in die Runde. Er sieht jeden Fehler, bei sich und auch bei anderen. Was macht diesen Tänzer so einzigartig, dass ich sechs Jahre, nachdem ich ihn in München zum ersten Mal auf der Bühne erlebte, wieder eine Gänsehaut bekomme, wenn ich ihn tanzen sehe?

Er bewegt sich mit einer unvorstellbaren Virtuosität und Kunstfertigkeit. Ich versuche zu verstehen, was seine Bewegung so anders macht, aber ich kann das Geheimnis nicht ergründen. Es ist, als würde er die physikalischen Gesetze bezwingen.

Man sieht, dass er auf der Bühne nicht schauspielert, sondern auflebt, weil er in seinem Element ist, so wie ein Fisch, der sich auch nur im Wasser wohlfühlen kann. Er bewegt sich mit der Geschmeidigkeit einer Katze und der Kraft eines Tigers. Und alles wirkt absolut natürlich, als hätte er nie etwas anderes gemacht als zu tanzen.

Den Grund für dieses Bewegungstalent erfahre ich noch am selben Abend, als mir Luis nach der Show noch etwas aus seinem Leben erzählt: Er kommt aus dem trockenen Norden Argentiniens. Seine Eltern sind als Wanderarbeiter in die Stadt gezogen. Wie viele Kinder in Argentinien bekommt auch er schon früh Folklore-Unterricht. Seine Lehrerin erkennt sein Ausnahmetalent und fördert ihn. Tag für Tag übt der kleine Luis im Studio. Mit fünf Jahren steht er zum ersten Mal auf der Bühne. Mit neun sitzt er zum ersten Mal im Tourbus und feiert mit einer Folklore-Tanzgruppe Erfolge in allen großen Städten Argentiniens. Mit zehn tritt er neben Tangoberühmtheiten wie Floreal Ruiz, Roberto Goyeneche und dem Orquester von Aníbal Troilo im berühmten Caño 14 auf. Mit 17 beginnt er im Teatro Colón seine Ausbildung im klassischen Tanz, absolviert später dort auch die Ausbildung zum Choreographen und besucht dann sogar die berühmte Juilliard School in New York. Mit 23 Jahren zieht er schließlich mit »Tango Argentino«, der berühmten Show, durch die ganze Welt.

Luis tanzt genial. Ich bewundere ihn für diese Kunst und möchte das nach unserem gelungenen Auftritt auch sagen. Aber er lässt gar nicht zu, dass ich es ausspreche. Luis ist scheu, still, sehr zurückhaltend. Und eines mag er offenbar gar nicht: wenn jemand von ihm schwärmt. Doch das merke ich erst, als er plötzlich verschwunden ist. Ich drehe mich nur kurz während des Gesprächs weg, um zwei Freunde zu begrüßen, und als ich weiter mit ihm sprechen und seinen Auftritt loben will, ist er nicht mehr zu sehen. Niemand weiß, wo er hin ist. Er ist einfach weg, leise, schnell, unmerklich, auf leisen Sohlen wie ein Indianer.

*

Von nun an treffe ich Luis ein-, zweimal im Monat, immer wenn wir zusammen in einer Show arbeiten, und ich freue mich jedes Mal, ihn zu sehen. Er ist anders als die meisten Menschen hier.

Der typische Porteño ist arrogant und laut. Luis ist das Gegenteil: ruhig und bescheiden. Das mag ich an ihm. Man sieht ihn nie in Bars sitzen und wie viele andere Künstler Autogramme geben. Denn Luis geht es ums Tanzen, nicht um die Show drumherum. Er kommt, tritt auf und ist wieder weg.

Luis und ich werden Freunde. Wenn wir uns sehen, sprechen wir viel. Er mag meine Zuverlässigkeit, das Korrekte, die Disziplin, die Hartnäckigkeit, mit der ich tanze. Ich mag seine Kunst. Er bringt Tango und Folklore wie kein Zweiter auf die Bühne.

Es gibt aber auch Momente, in denen wir uns ganz privat unterhalten können. Bei gemeinsamen Autofahrten im Taxi oder während der Wartezeiten vor den Shows haben wir Zeit. Und dann reden wir, über unsere Vorstellungen vom Leben, unsere Wünsche und Ziele. Wir wollen gute Tänzer sein. Das ist klar. Aber wir reden auch über Geschichte, Ehrlichkeit, Edelmut, wünschen uns, dass es mehr aufrichtige Menschen gäbe, weniger Armut und mehr Stabilität für das Land. Luis erzählt manchmal von seiner Mutter, die er sehr gern hat, ja, mehr noch, geradezu verehrt. Und wir reden über Fußball. Das ist seine große Leidenschaft. Manchmal ist er ganz heiser, und dann weiß ich, dass er im »Estadio Presidente Perón« war und begeistert seine Mannschaft »Racing Club« zum Sieg geschrien hat. Er hat sogar einmal als Jugendlicher in der Mannschaft von Racing trainiert und galt als Dribbel-Genie. Aber er entschied sich dann doch für den Tanz. Beides zusammen hätte zeitlich nicht geklappt. Wie auch! Luis war ja schon als kleiner Junge häufig unterwegs. Wenn er davon erzählt, rührt es jedes Mal mein Herz. Ein Kind auf großen Bühnen, ohne Eltern, ohne Schutz. Ganz allein. Er muss sich schrecklich einsam gefühlt haben. Wenn ich mir das vorstelle, erinnert mich vieles an meine eigene Geschichte: Ein kleines Mädchen, das allein durch die Straßen zieht, weil niemand da ist, der ihm Halt gibt.

Zwei Menschen, zwei Schicksale, zwei ähnlich verlorene Seelen. Vielleicht ist das der Grund, warum wir uns so schnell ohne viele Worte gut verstehen und Freunde sein können, ohne das Gefühl der Konkurrenz. Unsere Seelen berühren sich in ihrem Schmerz. Was das bedeuten wird, weiß ich damals noch nicht. Ich habe ja keine Ahnung, dass uns einmal die ganz große, alles überstrahlende Liebe verbinden würde. Unser Alltag lässt uns sowieso nicht daran denken. Denn Luis ist, als wir uns kennenlernen, mit Norma verheiratet und viel unterwegs. Und auch ich bin zu der Zeit nicht allein. Ich habe einen holländischen Tänzer kennengelernt und lebe und arbeite mit ihm zusammen. Aber wir verstehen uns nur auf der Bühne. Privat bin ich einsam …

*

»Que disfrutes tu Alemania«, ruft mir Luis im Sommer 1995 zu. Ich komme gerade von einem Auftritt aus dem Theater Michelangelo. Luis tanzt auf der Konkurrenzbühne, im Casablanca, schräg gegenüber an der Calle Balcarce. Beides sind Top-Adressen. Hier treten nur die besten Künstler auf.

Es ist weit nach Mitternacht, der Portier schließt bereits. Luis winkt mir jetzt zu. Ob er gewartet hat, um Adieu zu sagen? Er weiß, dass ich nach Deutschland fliege. Morgen geht mein Flugzeug. Ich denke all das nicht zu Ende. Ich denke an meine Abreise und die Auftritte, die vor mir liegen. Deutschland, Italien, Spanien und die Schweiz stehen auf dem Programm. Ich werde erst in drei Monaten zurück sein.

Jetzt laufe ich aber noch schnell über die Straße auf ihn zu, nehme ihn fest in den Arm. Wir sind ja Freunde.

»Gracias, que amable, lo haré, y vos quidate. Pass auf dich auf!«, sage ich leise zu Luis und frage: »Bleibst du eine Weile hier, oder musst du wieder los?«

»Nach Mexico und später nach Japan«, antwortet er. »Wann bist du zurück?«

»Im Januar. Ich bleibe Weihnachten noch bei meiner Mutter!«

Luis senkt den Kopf und schaut mich von unten seitlich an. So wie er immer schaut, wenn er in einen Menschen hineinsehen möchte. Er ist ein Beobachter, der den eigenen Blick nicht preisgeben will. Mich irritiert das. Was sieht er? Ich schüttle die Gedanken ab wie ein nasser Pudel das Wasser.

»Dann viel Erfolg, man sieht sich!«, sage ich und drehe mich um. Das Taxi wartet.

Später zu Hause bin ich plötzlich nachdenklich. Beim Packen der Koffer fällt mir ein Bild entgegen. Es ist ein acht Jahre altes Foto, aufgenommen ein paar Tage nach meiner ersten Ankunft in Buenos Aires. Verschüchtert stehe ich vor dem riesigen Obelisken, dem Wahrzeichen der Stadt. Wie viel ist seitdem passiert! Ich habe es in dieser riesigen Stadt weit gebracht. Vor den berühmtesten Tango-Häusern hängen meine Plakate. In Schuhläden und Kostümgeschäften wirbt man mit meinem Foto. Ich gebe Interviews im Fernsehen und im Radio. »Die Argentinier lieben dich«, feiert mich die Presse. Ich hätte allen Grund, glücklich zu sein. Doch warum fühle ich mich innerlich so leer und kraftlos?

Ich setze mich in meinen großen Korbsessel, dessen geschwungene Form mich immer an den Gartenstuhl meines Vaters erinnert. Ich bin nicht glücklich. Ich bin unzufrieden. Auf der ganzen Linie.

Beruflich, weil es mir nicht gelingt, den Tango so zu tanzen, wie er es verdient. Es steckt viel mehr in der Musik, als ich auf den Show-Bühnen ausdrücken kann. Damals in München, als ich in der dritten Reihe saß und diese einmalige Show sah, habe ich etwas empfunden. Es war so tief in mir, dass ich einfach selbst tanzen wollte. Jetzt tanze ich, gut sogar, aber das intensive Gefühl von damals, ich kann es trotzdem nicht mehr abrufen. Woran liegt das bloß? Ich glaube, ich tanze zu oberflächlich, zu künstlich, bin mein eigenes Klischee. Ich spiele eine Wahnsinnsfrau, die eigentlich gar keine ist. Ich spiele Leidenschaft vor, wo nur der Drang ist, zu gefallen. Ich spiele eine Frau voller Sexappeal, dabei will meine Seele viel mehr Tiefgang. Der Tanz, die Musik, das Lebensgefühl, ich treffe es noch nicht. Der Grund ist mir schon länger klar: Die Zuschauer haben ein bestimmtes Bild im Kopf, und ich habe von Anfang an versucht, dem zu entsprechen.

Privat kann ich sowieso nur unzufrieden sein, weil ich gar kein Leben neben der Arbeit habe. Meine Beziehung ist eine Zweckgemeinschaft, ein gemeinsames Arbeiten am Erfolg.

Die Menschen, die ich liebe und vermisse, sind in Deutschland. Und in Argentinien bin ich eine Fremde geblieben. Ich bin »la alemana«, die Deutsche. Ich spreche zwar mittlerweile gut Spanisch und verstehe ansatzweise die Mentalität der Argentinier. Aber ich bin eben doch keine von ihnen. Man hat mich in einem Blumentopf von Deutschland nach Argentinien gebracht, und es ist nicht gelungen, mich in den argentinischen Boden zu verpflanzen, auf dass ich Wurzeln schlage. Ich bin eine Reisende zwischen den Welten geblieben.

In dieser Nacht laufe ich unruhig in meinem Apartment hin und her. Was ist los mit mir? Wie soll es weitergehen? In diesen quälenden Stunden begreife ich, dass mein Leben festgefahren ist. Ich lebe auf zwei Kontinenten und bin nicht nur äußerlich rast- und ruhelos. Meine Seele vibriert längst unter dem Druck des Lebens. Wie lange hält sie das noch aus? Wie lange kann ich allen noch vorspielen, dass es mir gut geht? Wie lange mag ich mir das vorspielen? Aber wo soll ich eigentlich hin?

Ich kann gar nicht dauerhaft irgendwo bleiben. In Deutschland bin ich künstlerisch nicht zu Hause. In Argentinien bin ich zwar ein Star, werde aber in Pesos bezahlt. Die Inflation ist längst gewaltig. Was ich in einem Monat verdiene, reicht ein halbes Jahr später kaum mehr für eine Woche. Ich muss zumindest zeitweise raus aus dem Land, um genug in harter Währung einzunehmen. Sonst kann ich hier gar nicht vernünftig leben.

Glücklicherweise wird mir das leicht gemacht. Tango ist längst ein Exportschlager. Von Skandinavien bis Russland, von Japan bis Australien, überall entdecken Menschen ihre Leidenschaft für den Tango, und ich werde für Shows rund um den Globus gebucht. Zudem bin ich als Lehrerin gefragt. Einmal im Jahr kehre ich deshalb immer zurück nach Düsseldorf. Und immer kommen meine alten Schüler in meinen Workshop. Wenn wir uns zur Begrüßung in den Armen liegen, umspült mich so viel wohlige Wärme, dass mein Herz vor Freude springt. Bei ihnen fühle ich mich zu Hause.

Ich liebe es auch, wenn ich in meiner Muttersprache sprechen kann. Man versteht jede feinste Nuance, und ich bin keine Fremde mehr. Ich besuche meine Schwestern, meinen Vater, meine Tanten Ulla und Barbara. Ich liebe diese Wochen in der Heimat. Wir sind uns dann als Familie immer so nah. So oft es geht, schlafe ich bei meiner Mutter, die meist bis in die Nacht hinein auf mich wartet. Und dann setzen wir uns aufs Sofa und reden. Wir reden über unsere Träume, alles, was wir vom Leben erwarten, uns erhoffen. Aber auch darüber, was uns bedrückt. Mama liebt den Süden. Sie möchte gern öfter ans Mittelmeer reisen. Und sie möchte keinen Alkohol mehr trinken. Aber leider gelingt ihr das nicht. Sie denkt immer, ich merke nicht, dass sie trinkt. Aber sie täuscht sich.

Ich erzähle von meinen Ängsten, nicht gut genug zu sein. Von meiner Einsamkeit an den vielen Orten, die ich in dieser Welt bereise, auch von meiner Einsamkeit bei mir zu Hause, das mal in Argentinien und mal in Deutschland ist, und von meinem innigen Wunsch nach Geborgenheit und Zugehörigkeit, der mich seit meiner Kindheit begleitet.

»Nun sei doch ein bisschen versöhnt mit dem Leben«, sagt Mama immer gern. »Du hast so viel erreicht!«

Wirklich? Ich kann das alles nicht mehr richtig schätzen. Ja, ich bin erfolgreich. Ja, ich verdiene ordentlich. Für viele Menschen führe ich ein Traumleben. Ich reise in faszinierende Städte wie Barcelona und Rom, Tokio und La Paz, lebe in tollen Hotels und werde Abend für Abend bejubelt. Und mehr noch: Ich werde anerkannt.

Aber es gibt die vielen Momente jenseits des Scheinwerferlichts. Das sind die Momente voll quälender Einsamkeit, wenn ich abends im Bett liege und die Decke anstarre. Das sind die Momente am Morgen, wenn ich erwache und mich frage, warum ich eigentlich auf der Welt bin, wenn doch niemand neben mir liegt, der mich ganz tief um meiner selbst willen lieben kann.

Das Gefühl, keinen echten Lebenspartner zu haben, der mir Halt und Geborgenheit gibt, Familie bedeutet, das empfinde ich als großes Manko in meinem Leben. Es schneidet mir die Luft ab. Die Sehnsucht danach droht mich innerlich zu zerfressen.

Morgen geht mein Flugzeug. Und es ist auch dieses Mal wieder ein Flug ins Ungewisse.

KAPITEL 7

»Mama, ich habe tolle Nachrichten!« Es ist Frühherbst 2001, ein Sonntagabend kurz vor sechs. Ich bin in London, liege auf dem Bett, nasche an einer Banane und freue mich riesig, meine Mutter am Telefon zu haben. Es ist unser Ritual. Jeden Sonntag telefonieren wir. Egal, wo ich bin. Gegen 18 Uhr deutscher Zeit ruft meine Mutter mich an. Und wenn ich unterwegs bin, wie jetzt, dann melde ich mich bei ihr. Wir erzählen uns immer von der vergangenen Woche. Mama plaudert von ihrer Freundin Irmgard, mit der sie gerade in Spanien war, erzählt aber auch den neuesten Familienklatsch. Meine Schwester Mylène ist schwanger, und mein Cousin Thomas hat endlich die neue Traumwohnung gefunden. Sonntags bin ich immer auf dem Laufenden.

Heute habe aber *ich* die super Neuigkeit. Ich werde eine Tango-Oper produzieren. Der Titel steht schon: »Orestes – ultimo Tango«, und es geht ganz nach klassischem Vorbild um wilde Rachelust, enttäuschte Liebe und große Gesten. Ganz wie in der griechischen Tragödie *Elektra*. Aufgeführt wird die Oper in den Niederlanden, in Amsterdam, Rotterdam, Den Haag und vielen anderen Städten im Rahmen des Music World Theatre Festivals. Wir bekommen reichlich Zuschüsse aus Holland.

Vor zwei Tagen habe ich das endgültige Okay bekommen und bin restlos begeistert von dem Projekt. »Endlich bekommt Tango die Bedeutung, die er verdient. Der Tanz und die Musik stehen gleichwertig neben der klassischen Musik«, schwärme ich. »Es wird eine ganz große Sache, Mama, ich freue mich so!«

Ich sprudele regelrecht über vor Begeisterung und bin gedanklich bereits mitten in der Planung. Denn gleich nach meiner Rückkehr geht's los.

»Mit wem tanzt du?«, fragt Mama.

»Ich weiß es nicht. Aber ich brauche nicht *irgendeinen* Tänzer. Ich brauche den besten. Und ich weiß auch, wer das sein muss: Luis.«

Und dann erzähle ich Mama, warum nur er in Frage kommt. Ich bin mittlerweile zu berühmt, um mit irgendeinem beliebigen Tänzer auf der Bühne zu stehen. Im vergangenen Jahr ist in Argentinien sogar eine Briefmarke zur argentinisch-japanischen Freundschaft mit meinem Bild gedruckt worden. Ausgerechnet ich, eine Deutsche, repräsentiere in Argentinien und Asien den argentinischen Tango. Kann es ein größeres Kompliment geben?

Deshalb brauche ich für die Tango-Oper auch einen Weltklasse-Tänzer an meiner Seite, den allerbesten. Und die Oper braucht jemanden, der auch als Solist tanzen kann. Es kann nur Luis sein!

»Er tanzt artistisch, leichtfüßig und hat eine unglaubliche Geschmeidigkeit. Sein Körper fließt, gleitet, ja, schwebt fast. Man spürt mit jedem Schritt seine Rhythmik, die Musikalität«, erzähle ich Mama und gerate richtig ins Schwärmen: »Er wird mich führen, wie mich noch nie ein Partner geführt hat. In seinen Armen werde ich tanzen, wie ich noch nie in meinem Leben getanzt habe.«

Und während ich rede, klopft mein Herz immer heftiger. Ich freue mich auf Luis.

Mama scheint schon mehr zu ahnen als ich.

»Achtung, Liebling, ich habe dich noch nie von einem Kollegen so schwärmen hören«, sagt sie mit amüsiertem Unterton.

Meine Stimme purzelt.

»Was meinst du damit?«

Es stimmt doch, was ich sage. Aber Mama lässt sich von meiner Nachfrage nicht irritieren. Sie geht gar nicht darauf ein und wünscht sich zum Schluss ein Foto der Briefmarke, das sie ihren Freundinnen zeigen will.

»Mama, ich liebe dich«, rufe ich zum Abschied in den Hörer. Und am anderen Ende der Leitung herrscht jetzt Stille. Ich weiß, Mama weint. Sie vermisst mich, genauso wie sie mir fehlt. Unendlich.

Als ich auflege, springe ich vom Bett hoch. Ich kann es kaum erwarten, wieder nach Buenos Aires zu kommen. In einer Woche beginnt das Casting. Ich will Luis!

*

»Halt, stop, ich brauche eine Pause«, keuche ich und wische mir schnell mit einem Handtuch die Stirn ab. Ich kann nicht mehr, lehne mich erschöpft an die Ballettstange. Mein Gesicht ist rot vor Hitze und Erschöpfung.

Luis sieht mich besorgt an. »Komm, ich hole dir etwas Wasser, setz dich einen Moment.« Er zieht mir schnell einen Stuhl heran. Dann höre ich ihn die Stufen zur Küche hinuntergehen. Seit sechs Wochen proben wir Tag für Tag für unsere Oper. Wir proben nicht irgendwo. Wir trainieren in der Villa des berühmten Choreographen und Maestro Wasil Tupín. Er hat es einer Stiftung vermacht, die Tänzer fördert. Seit seinem Tod leiten Oscar Araiz und Guido de Benedetti das Haus.

Luis hat bei Wasil Tupín höchstpersönlich studiert und war vor vielen Jahren schon hier. Er kennt jeden Winkel des Hauses und sagt, es habe sich kein bisschen verändert. Unsere Kulisse ist wirklich märchenhaft. Das Haus hat ganz viel Charme. Es empfängt uns Tänzer mit hohen schweren Holztüren mit kunstvoll verzierten Glasfenstern. Über einen palmenbestandenen kleinen Innenhof, in dem ein Brunnen plätschert, geht man ins sanft geschwungene Treppenhaus. Unsere Trainingsräume sind weiß gestrichen, mit edlem Parkett oder Tanzteppich ausgestattet, und fast immer sonnendurchflutet. Es ist für jeden Künstler ein Vergnügen, hier zu tanzen. Aber wer hier an der Stange steht, gehört zu den Besten und muss alles geben.

Luis gibt alles. Er tanzt mit einer faszinierenden Lebendigkeit, poetisch, feinfühlig, sinnlich. Aber er ist sehr viel besser als ich, und Tag für Tag entschuldige ich mich dafür, nicht gut genug für ihn zu sein.

Luis geht gar nicht darauf ein. Er ist auch jetzt wieder der feine, bescheidene Mann, als den ich ihn kennengelernt habe. Er würde nie zugeben, besser zu sein. Er will mich nicht beschämen.

Jetzt steht er mit einem Glas Wasser vor mir. Ich nippe daran. Luis rutscht neben meinen Stuhl auf den Boden. Er sieht müde aus. »Du hast gleich noch einen Auftritt. Wann musst du los?«

Er wischt sich mit der Hand über die Augen. »Ich

tanze um 20 Uhr und um 22 Uhr. Lass uns noch zwei Stunden proben. Dann muss ich gehen.«

Ich sehe ihn an. Luis trägt eine schwarze Hose und ein weißes Shirt. Seine tiefschwarzen lockigen Haare hat er nach hinten gekämmt. Die Muskeln spannen sich unter dem engen Trikot. Er hat so viel Kraft und Männlichkeit. Er ist so gebildet, weiß so viel über Geschichte und Politik, Literatur und Musik. Mama hat recht: Er gefällt mir sehr, mehr als mir je ein Kollege gefallen hat. Gerade deshalb sorge ich mich um ihn. Denn was er im Moment macht, kann er unmöglich durchhalten. Er trainiert täglich von 10 bis 16 Uhr mit mir und hat dann noch am Abend zwei Auftritte, sieben Tage die Woche. Das ist Schinderei.

Wer nicht selbst tanzt, weiß nicht, wie kräftezehrend jede Minute auf der Bühne für einen Tänzer ist. Das ist körperliche Höchstleistung. Die ist zwar abrufbar, auch täglich, aber nicht so viele Stunden lang, ohne ausreichende Pause.

Ich ahne, warum er so hart arbeitet. Auch er wird es sich nicht leisten können, ein Engagement abzusagen. Wir sind Künstler, ohne regelmäßiges Einkommen, ohne Versicherung, ohne Sicherheit. Wir müssen in den guten Zeiten für die schlechten vorsorgen. Wenn es bestens läuft, wie jetzt bei uns, nehmen wir alles mit, was wir bekommen können, um Reserven anzulegen. Für die Zukunft, denn schon morgen kann alles vorbei sein. Es reicht ein verstauchtes Gelenk, eine Krankheit, ein Unfall – und schon ist alles vorbei, und wir müssen von dem Ersparten leben.

Für Luis ist das noch alltäglicher als für mich. Er ist Südamerikaner. Seine Familie kommt aus dem armen Norden Argentiniens. Da gibt es überhaupt kein Sozialsystem. Da ist jeder Tag ein Überlebenskampf. Luis hat das im Blut. Er weiß, dass er immer ums Überleben kämpfen muss. Deshalb macht er alles, was er macht, mit ganzem Herzen.

Das fiel mir schon auf, als er das erste Mal zum Training kam. Seine Tasche war aufgeräumt. Es gab keinen Schnickschnack darin. Er kam nur mit dem, was er als Tänzer braucht: Kassetten, Handtüchern, seinen Boleadoras, den in Leder genähten Schleuderkugeln, Steppstiefeln, einem T-Shirt zum Wechseln. Und obendrauf lag das Buch mit dem Theaterstück *El Reñidero*, auf dem unsere Oper basiert.

Luis spielt das Familienoberhaupt, einen Raufbold und Unruhestifter aus dem Buenos Aires der Jahrhundertwende, und er bereitet sich innerlich und äußerlich auf die Rolle vor. Er lässt sich die Haare wachsen und trägt einen Bart, so wie die Caudillos dieser Zeit.

Und während die anderen Tänzer herumalbern und plaudern, liest er sich Tag für Tag in den Pausen in seine Rolle ein. Luis setzt sich mit jedem Detail auseinander und ist sofort präsent, wenn es losgeht. Stets auf die Minute pünktlich, macht er sich warm und legt dann los, durch und durch Profi.

Wir tanzen exakt nach der Choreographie. Doch Luis scheut sich auch nicht, nach drei Schritten alles abzubrechen. Dann horcht er konzentriert in die Musik, immer wieder und wieder, singt mit, meint: »Da ist eine Pause, wir können nicht einfach darüber hinwegtanzen.«

Luis hat ein unglaubliches Gehör. Deshalb tanzt er Musik. Er trainiert Stücke so, dass die Füße Teil der Partitur werden, sozusagen ein zusätzliches Instrument.

Takt, Rhythmus, Frasierungen, Synkopen, Gegenschläge. Mal den Bass, mal die Violine, mal das Bandoneon, mal das Zusammenspiel aller Instrumente. Luis tanzt alles mit seinen Füßen mit.

Er will nicht das Klischee. Das versteinerte Tangogesicht, die Geste, die Umarmung, das Pathos. Er geht direkt in den Tanz hinein. Sein Tango lebt von der Arbeit der Beine, und ich lerne mit ihm, was Tango wirklich ausmacht: Die Verbindung von Musik und Tanz zu einer wundervollen Einheit. Das vollbringt nur Luis. Ich bewundere ihn.

Plötzlich schrecke ich aus meinen Gedanken. »Komm, Nicole, lass uns weitermachen«, höre ich ihn sagen. Und dann reicht er mir die Hand, zieht mich hoch. Ich spüre seine warme Hand in meiner. Es ist immer schön für mich, wenn er mich hält.

Von draußen weht jetzt ein kühler Luftzug. Luis geht zum Fenster und sieht, dass dunkle Wolken aufziehen.

»Es gibt ein Gewitter«, meint er. »Soll ich dich lieber nach Hause bringen?«

Ich nicke.

»Ich frage noch die anderen«, ruft er mir zu.

Wenig später sitzen wir zu viert in seinem Wagen, und er steuert uns durch den dichten Verkehr. Luis wohnt in Quilmes, einem Vorort von Buenos Aires, eine gute Autostunde vom Zentrum entfernt.

Wir anderen, Fabian, Luciana und ich, wohnen im Stadtzentrum, in San Telmo. Es ist ein großer Umweg für ihn, wenn er uns nach Hause bringt. Aber Luis klagt nicht. Obwohl er noch zwei Auftritte hat, fährt er uns klaglos durch den Feierabendverkehr. Es prasselt in Strömen. LKWs und Busse brummen neben uns. Autos hupen unablässig. Die Scheiben sind stark beschlagen. Rushhour in einer der größten Metropolen des Kontinents. Wir lachen im Auto, haben Spaß. Fabian und Luciana wollen von mir wissen, wie es in Holland aussieht. Sie freuen sich so auf die Reise. Ich dämpfe die Vorfreude. »Es ist kalt«, warne ich. Und als wir endlich vor Fabians Tür stehen und die beiden aussteigen, ist unsere Stimmung großartig.

»Nos vemos, gente. Bis bald«, ruft Luis den beiden noch hinterher.

»Hasta mañana y gracias«, antworten die beiden wie aus einem Munde.

Ich will auch aussteigen und die restlichen Meter zu Fuß laufen. Aber Luis hält mich am Arm zurück.

»Bleib hier, ich fahre dich!«, sagt er, und seine Stimme klingt fürsorglich, ist voller Wärme.

»San Juan? Nicht wahr?«

»Nein, acht Blocks weiter, in der Carlos Calvo!«

Luis sieht mich an.

»Wohnst du nicht mehr, ich meine …?«

»Nein, ich wohne jetzt allein«, sage ich knapp. Ich habe mich getrennt. Aber da wir noch gemeinsame Auftritte haben, weiß kaum jemand davon.

Ich beuge mich zu Luis hinüber. Mit zwei Küsschen auf die Wange hauche ich »Hasta mañana« und drücke die Beifahrertür auf. Ich bin schon mit einem Fuß aus dem Auto, als Luis kaum hörbar murmelt:

»Ich auch. Ich lebe schon seit drei Jahren getrennt.«

Ich rutsche wieder zurück auf den Sitz und bin irritiert.

»Norma und du, ihr seid auseinander? Das wusste ich gar nicht. Warum hast du das nie gesagt?«

Luis lächelt, etwas verlegen.

»Es hat nicht sein sollen!«, meint er knapp. Und außerdem, weißt du, wenn man erzählt, dass man getrennt ist, ziehen sie die Engagements für das Paar zurück. Und das ist nicht gut. Deshalb habe ich es nie rumerzählt. Du tust es ja umgekehrt auch nicht.«

Unsere Blicke treffen sich. Ich habe noch nie bemerkt, wie dunkel Luis' Augen sind. Es sind wunderschöne Augen.

*

Ich spüre seine Haut. Ganz leicht, ganz sanft berühren sich unsere Hände.

Wir haben gerade eine kleine Tanzpause, stehen nebeneinander rücklings an der Ballettstange und stützen uns mit den Händen ab. Es sind nur wenige Millimeter Haut, die uns verbinden, und doch besitzt es für mich eine Intimität, die mein Innerstes berührt. Ich möchte noch Stunden so stehen, Luis' schweren Atem spüren und seine Haut riechen. Seitdem ich weiß, dass Luis nicht mehr mit Norma zusammen ist, drehen sich nicht nur die Gedanken in meinem Kopf, nein, mein Herz schlägt Purzelbäume, und ich muss unablässig an ihn denken.

Wenn ich morgens wach werde, gilt Luis mein erster Gedanke. Was er jetzt wohl macht? Ob er wie ich Tee liebt? Wie seine Wohnung wohl aussieht? Ich möchte so gern mehr über ihn wissen und kann es kaum abwarten, zum Training zu kommen. Es ist wunderschön für mich, in seiner Nähe zu sein. Aber ich will auch wunderschön für ihn sein. Ich bürste neuerdings meine Haare doppelt so lange wie früher, benutze Parfüm und immer einen Lippenstift. Und ich genieße sogar die Busfahrt durch den brodelnden Verkehr, weil ich dann ungestört Zeit habe, an ihn zu denken.

Und dann steht er wieder vor mir, lächelt mich an und sieht dabei so bezaubernd jungenhaft aus. Ich genieße seine liebevolle Fürsorge, wenn er mit seinem Taschenmesser einen Apfel für mich schneidet und mir die Schnitze auf einer Serviette reicht. Ich kann mich nicht sattsehen an dem Muskelspiel seines Körpers, wenn er sich geschmeidig wie eine Wildkatze auf dem Parkett bewegt. Und ich liebe es, in seinen Armen zu sein. Ich habe Angst, es zu Ende zu denken, aber ich fühle tief in meinem Herzen, dass es die Arme sind, in die ich gehöre.

Doch ich bin schüchtern. Und Luis ist es offenbar auch. Keiner von uns wagt den ersten Schritt. Obwohl wir wissen, dass wir beide frei sind, und uns auch deutlich zeigen, wie sehr wir uns mögen. Wir tanzen, als ob wir immer gemeinsam getanzt hätten. Wir verstehen uns ohne Worte. Ein Händedruck, eine Geste, und wir wissen, was der andere will.

Doch Nachmittag für Nachmittag, pünktlich um 15 Uhr, gehen wir zusammen mit den anderen Tänzern des Ensembles durch das schmale Treppenhaus hinunter auf die Straße, sagen »adiós« und kehren in unsere privaten Leben zurück, getrennt. Die Angst, verletzt zu werden, sitzt bei uns beiden tief.

*

Der Lärm ist ohrenbetäubend. Hunderte, nein Tausende Menschen marschieren durch die Straßen. Am 13. Dezember war ein von den Gewerkschaften organisierter Generalstreik. Seitdem wurde jeden Tag demonstriert. Gestern ist es zu Ausschreitungen gekommen. Es gab Verletzte.

Am 17. Dezember 2001 sieht es noch brenzliger aus. Die Piqueteros, so nennt man die Protestler, rufen »Queremos comer« (Wir wollen essen), und schlagen mit Topfdeckeln und Töpfen aufeinander. Schon lange steckt Argentinien in der Krise. Aber jetzt erleben wir den totalen Zusammenbruch des Finanzsystems. Wirtschaftsminister Cavallo hat das sogenannte »corralito« eingeführt, drastische Maßnahmen zur Beschränkung des Bargeldverkehrs. Alle Konten sind eingefroren worden. Man darf nur noch 300 Pesos in der Woche abheben. Dollarkonten sind einfach ohne Erlaubnis trickreich in Pesokonten umgewandelt worden, und jetzt verliert die nationale Währung Stunde um Stunde an Wert. Die Menschen sind verzweifelt. Die Nachrichtensendungen überschlagen sich mit neuen Schreckensmeldungen. Die Stimmung ist explosiv.

Wir trainieren trotz der immer heftiger werdenden Unruhen weiter. Die Premiere wartet nicht. Holland ist weit weg. Und Argentiniens Unruhen interessieren das europäische Publikum nicht.

Aber in unseren Herzen sieht es düster aus. Kaum jemand hat noch Geld in der Tasche. Die Lebensmittelgeschäfte sind leer gekauft. Die Straßen sind jetzt nicht nur mit Autos vollgestopft, sondern auch mit demonstrierenden Menschen. Und von Stunde zu Stunde werden es mehr. Die Tänzer können nicht mehr pünktlich kommen, und wenn sie in der Tür stehen, sind sie aufgeregt und bringen neue schlimme Nachrichten mit. Die Stadt ist im Ausnahmezustand. Niemand weiß, was der nächste Tag bringen wird.

»In San Telmo haben sie Geschäfte geplündert«, erzählt Luis, als er morgens zum Training kommt.

»Ich habe gehört, dass sie die ersten Banken plündern wollten. Es muss Verletzte gegeben haben«, berichtet Susanna, unsere Opernsängerin.

Ich kann das alles nicht einordnen. Wie soll es weitergehen? Droht das Land im Chaos zu versinken? Seit Monaten läuft das Leben hier nach anderen Gesetzen. Die Inflation galoppiert. Der Peso verliert dramatisch an Wert. Die Argentinier sind pfiffig und haben mit Tauschringen darauf reagiert. In jedem Stadtteil werden Dienstleistungen gegen Lebensmittel angeboten – oder umgekehrt. In manchen Provinzen druckt man Wechsel, anstatt Geld herauszugeben, damit die Menschen auf diese Weise kaufen und verkaufen können. Doch alle haben Angst vor Verarmung und Gewalt, vor einer unsicheren Zukunft.

»Komm, geh zurück«, meint Luis, als wir beide am Fenster stehen und horchen, was die Menschenmenge in den Nachbarstraßen ruft. »Hijos de puta!« und »Anda a la puta que te parió!« (Hurensöhne! und: Geh zurück zur Hure, die dich geboren hat!).

Er schiebt mich sanft zur Seite. Aber ich schüttle den Kopf.

»Ich bleibe hier! Ich muss wissen, was passiert.«

Aber dann kommt Oscar, der Choreograph, und

schließt einfach das Fenster. Seine Hände zittern. Auch er hat Angst vor dem Zusammenbruch. Denn alle hier wissen: Im schlimmsten Fall kann jeder von uns alles verlieren. Genau in dem Moment, als die zarte Liebe zwischen Luis und mir zu knospen beginnt, droht die Welt um uns herum im Chaos zu versinken und unser privates Glück zu verhindern.

Aber wir machen weiter. Wir sind 20 Künstler, und wir tanzen, singen und spielen gegen die Krise und unsere große Angst an. Draußen hören wir Sprechchöre und dieses nervenaufreibende Topfknallen. Was wird morgen sein?

Ich habe Jahre gespart und glücklicherweise noch ein Konto in Deutschland. *Mir* kann nicht viel passieren. Aber kann ich hier in Argentinien weiterleben? Wird es noch Shows und Theater geben? Wer soll mich bezahlen, wenn die Menschen kein Geld mehr dafür haben?

Ich stolpere. »Lass uns aufhören«, meint Luis. »Wir sind alle nervös. In so einer Stimmung verletzen wir uns noch.«

Wir brechen ab. Schweigend. Ernst. Während die anderen Tänzer ihre Taschen packen, bleiben Luis und ich zurück.

»Maxi hat gesagt, dass die Puente Pueyrredon und die Puente La Boca, die Brücken nach Quilmes, besetzt sind. Vielleicht kommst du nicht nach Hause«, warne ich ihn.

Er geht gar nicht darauf ein. Luis steht jetzt vor mir, seine Tasche in der linken, die schweren Steppstiefel in der rechten Hand.

»Ich wollte nicht aufhören wegen der Unruhen draußen«, sagt er mit fester Stimme. »Es hat andere Gründe.«

Und dann räuspert er sich und wirkt ein bisschen verlegen.

»Weißt du«, fährt er fort, und seine Stimme klingt fast ein bisschen brüchig. »Es ist sehr schwer für mich, mit dir zu tanzen. Ich bin nicht mehr frei in meinem Herzen, weil ich immer an dich denken muss.«

Ich sehe ihn an und fühle, dass mein Herz heftig zu klopfen beginnt. Und dann geht alles ganz schnell. Es rumpelt laut. Luis hat seine schweren Steppstiefel fallen gelassen. Und im selben Augenblick spüre ich schon seine Arme, die sich sanft um mich legen. Er sieht mir kurz tief in die Augen, und dann fühle ich seine festen, weichen Lippen auf meinen, und wir küssen uns lange und heftig. Alles um uns herum versinkt in Bedeutungslosigkeit. In diesem Moment gibt es nur mich und ihn, keine Demonstrationen, keine Bankenkrise, keine Verluste. Es gibt nur zwei Herzen, die sich ganz nahe sind. Und für die beiden Menschen, denen sie gehören, steht die Welt still.

*

Als wir gehen, ist das Haus menschenleer. Im Innenhof rascheln die Blätter der Palmen. Ein warmer Sommerwind streichelt unsere Haut. Es herrscht Stille hier hinter den hohen Mauern der Villa. Nur das Wasser plätschert wie immer aus dem eisernen Entenkopf am Brunnen. Es riecht nach den Blüten der purpurroten Bougainvillea. Alles ist unwirklich schön, wie in einem Zaubergarten.

Wir gehen schweigend nebeneinander her, unsere Taschen in der Hand. Es braucht keine Worte mehr. Wir sprechen mit den Herzen. Wenn wir jetzt die schwere Holztür öffnen, lassen wir die Wirklichkeit herein. Wir denken beide das Gleiche. Deshalb zögert Luis einen Augenblick, als er die Klinke in der Hand hält. Eine Sekunde lang bleibt er stehen, sieht mich an. Es ist eine Sekunde, während der unser Glück noch seine Unschuld behalten soll. Eine Sekunde, die unser Herz als Nahrung braucht, um durchzustehen, was uns noch erwarten wird.

Luis schließt die Augen, dann zieht er mich noch einmal kurz an sich, bevor sich unsere Lippen erneut berühren.

*

Statt wie normalerweise eine Stunde, brauchen wir heute zwei bis San Telmo. Die Stadt kocht. Überall sind Polizeifahrzeuge zu sehen. Aus manchen Straßen quillt Rauch. Menschen rennen die Bürgersteige entlang, so als wollten sie sich in Sicherheit bringen. Vor einem Bankgebäude hat sich eine Traube von Menschen gebildet, die in wütenden Sprechchören »Abran!« (Aufmachen!) rufen. Zwei Männer versuchen mit Holzstangen einen Geldautomaten zu zertrümmern.

»Ich mache mir Sorgen«, sage ich zu Luis, als wir vor meiner Haustür ankommen. »Ich weiß nicht, ob es in Quilmes noch ruhig ist.«

Luis wirkt angespannt. Er weiß, dass es brenzlig werden könnte. Wir haben Straßensperren aus brennenden Gummireifen gesehen. Die Menschen sind in ihrer Verzweiflung zu allem fähig.

Er küsst zum Abschied meine Hand. Als ich die Rücklichter seines Autos sehe, verkrampft sich mein Magen. Ich schließe die Augen, bete. »Lieber Gott, lass ihm nichts passieren!«

In diesem ganzen Durcheinander habe ich noch einen wichtigen Pressetermin. Man erwartet mich im Postamt. In Windeseile mache ich mich zurecht und hetze eine knappe Stunde später in einem schwarzen Kleid die Stufen hoch zur Direktion.

Im 1. Stock wartet die ganze Hauptstadtpresse auf mich. Kameras klicken, Blitzlichter. Im riesengroßen Festsaal hängt die blau-weiße argentinische Flagge. Der Direktor begrüßt mich überschwänglich und überreicht mir eine edle dunkelblaue Samtmappe. Als ich sie öffne, schließe ich schnell die Augen. Es ist eine so große Ehre! Ich freue mich unendlich. Vor mir liegt eine 75-Cent-Briefmarke, auf der ich abgebildet bin. Ich stehe für den Tanz, der die Stadt berühmt gemacht hat: Tango. Ich bin dankbar. Warum ausgerechnet ich es, und auch noch mit Namen, auf eine argentinische Briefmarke geschafft habe, weiß ich nicht. Ich frage nicht mehr. Ich genieße. Wenn auch nur kurz, denn die ganze Freude ist getrübt von der Sorge um Luis.

Zurück in meiner Wohnung finde ich deshalb auch keine Ruhe. Über der ganzen Stadt liegt jetzt der Geruch von ausgebrannten Häusern. Von meinem Fenster aus sehe ich, dass sich der Horizont dunkelrot verfärbt. Dort muss ein halber Stadtteil in Flammen stehen. Ich stelle den Fernseher an und sehe Bilder von schlimmen Straßenschlachten. Demonstranten kämpfen mit der Polizei. Meine Güte, das ist doch im Süden, dort, wo Luis wohnt! Unruhig laufe ich in meinem Zimmer auf und ab.

Es ist noch früh, gerade mal sieben Uhr. Ich muss noch mal runter. Ich muss sehen, was in dieser Stadt passiert, in der ich gerade das große Glück gefunden habe.

Angespannt ziehe ich durch die kleinen Straßen. Die Geschäfte sind geschlossen, viele mit Brettern zugenagelt. Aber es herrscht aufgeregter Trubel in den Gassen. Die Menschen sitzen in den Cafés und diskutieren teilweise wild gestikulierend. Auf den Plätzen sammeln sich viele mit Töpfen und Fahnen. Ältere Leute verfolgen das Geschehen gebannt am Fenster. Die Jungen ziehen in Gruppen los. Ich gehe zu Pedro, einem Italiener, und bestelle einen Salat. Aber ich bekomme keinen Bissen runter, nippe nur an einem Glas Wasser. Die Sorge um Luis schnürt mir die Kehle zu. Ich bin auch plötzlich unsicher, ob er es ernst mit mir meint. Bin ich nur ein Abenteuer für ihn? Sucht er nur Bestätigung? Er ist Argentinier, die sind leichtlebig. Vielleicht wohnt er gar nicht mehr allein? Was ist, wenn eine Frau den Telefonhörer abnimmt?

»Ach was, das ist doch absurd«, murmle ich vor mich hin und wische meine Gedanken weg. Sein Kuss konnte nicht lügen. Aber was ist, wenn ich mich täusche? Alles dreht sich in meinem Kopf. Ich muss ihn noch mal sprechen. Unbedingt.

Im kleinen Büro meiner Pensionswirtin Inés steht ein Telefon. Ich muss wissen, ob es Luis gut geht. Ich lasse mein Wasser stehen und laufe aus dem Lokal. Ich muss nach Hause, ganz schnell. Inés scheint auch bei den Demonstranten zu sein. Ihr Büro ist leer. Mit zittrigen Händen wähle ich Luis' Telefonnummer.

»Hable!« Luis ist am Apparat. Ich bin so erleichtert.

»Ich bin es«, sage ich zögerlich. »Ich möchte nur wissen, ob du gut angekommen bist?«

Am anderen Ende der Leitung bleibt es still. Erst nach einer gefühlten Ewigkeit höre ich Luis' Stimme wieder.

»Du denkst an mich? Das rührt mich sehr. Es ist schön, dass du dich meldest!«

»Ich denke immer an dich, Luis. Du bist mir sehr wichtig.«

»Du mir auch, Nicole. Ich vermisse dich.«

Und dann versuchen wir ganz zaghaft, unsere Gefühle in Worte zu fassen. Wie zwei ängstliche Tiere wagen wir uns vorsichtig aus unseren emotionalen Verstecken und beschnuppern uns gegenseitig.

Wie reagiert der andere? Wie kann ich seine Sätze deuten? Ist es gut, jetzt schon den nächsten Schritt zu wagen?

Wir reden davon, dass wir uns nacheinander sehnen und uns auf morgen freuen, weil wir uns dann wiedersehen.

Luis möchte mich nach dem Training zu einem Tee einladen.

»Ja gern, das ist wunderschön«, versichere ich ihm. Zwischendurch bleibt es in der Leitung immer wieder stumm.

Unsere gegenseitige Anziehung ist so zart und jung, dass wir sie nicht gefährden dürfen. Nicht mit unachtsamen Bemerkungen, nicht mit forschen Forderungen. Also schweigen wir lieber und sagen damit mehr als mit tausend Worten.

*

Argentinien ist zahlungsunfähig! Ich habe kein Bargeld mehr und Mühe, etwas einzukaufen. Meine Mutter will mir Euros schicken. Ich hoffe, das Geld kommt an.

Während um mich herum das ganze Land auseinanderfällt und die Nachrichten im Stundentakt neue Hiobsbotschaften verkünden, taumelt mein Herz. Ich bin so verliebt, dass ich keine Angst vor Hunger und Elend mehr habe. Ich trainiere nach wie vor ab zehn Uhr morgens, aber nicht mehr mit der Truppe, sondern mit Luis allein, da wir für unseren Solopart üben.

Luis ist zärtlich und liebevoll. Wie ein Küken hält er unsere zarte Liebe in seinen starken Händen. Er hält sie warm, schützt sie gegen die Anfeindungen der Welt.

Wir trainieren hart, aber nutzen die wenige gemeinsame Freizeit auch, um uns besser kennenzulernen. Er zeigt mir, was er gern hat. So gehen wir zum Fußball ins Racing Stadion in Avellaneda und bummeln händchenhaltend durch Parks. Luis mag die Natur, die Ruhe, das Alleinsein, genau wie ich.

»Ich habe dich ganz anders eingeschätzt. Ich dachte immer, du brauchst Bars und Partys«, meint er, als wir am 1. Januar 2002 im Lezama Park unter einem imposanten Florettseidenbaum mit weitverzweigten Ästen sitzen und ganz entspannt am Himmel den Lauf der Wolken beobachten.

»Du denkst, Menschen wie ich sind oberflächlich und nur auf den schönen Schein aus. Aber ich verbreite nur auf der Bühne Glamour. Privat lebe ich bescheiden. Ich brauche nicht viel.«

Luis trägt heute Sandalen. Zum ersten Mal sehe ich seine Füße. Sie sind ungewöhnlich schön für einen

Mann. Ich sehe ihn überhaupt gern an und möchte, dass sich jedes Detail, das ich an ihm entdecke, in mein Gedächtnis einbrennt. Jede Linie seiner Hände, sein muskulöser Nacken, die kräftig geschwungene Nase. Ich kann mich nicht sattsehen. Meine Güte, ich liebe diesen Mann!

Ich küsse ihn auf die Wange, lache und schwärme wie ein Kind davon, wie schön ich ihn finde. Doch Luis will davon nichts hören und meint, ich hätte wohl etwas gegessen, das mir nicht recht bekommen sei. Wir sind albern, wie Frischverliebte eben, und genießen unseren Start in das neue Jahr. Wird es auch der Start in eine gemeinsame Zukunft, in ein gemeinsames Leben, nach dem ich mich seit Langem so sehr gesehnt habe?

Gestern habe ich bei Freunden Silvester gefeiert. Es war eine große, ausgelassene Party mit vielen Menschen. Aber Luis war nicht bei mir. Er hatte einen Auftritt. Als das Feuerwerk losging, habe ich in den Himmel gesehen und ihm im Stillen zugeprostet. Es tat mir weh, von ihm getrennt zu sein.

Jetzt genießen wir das kurze Miteinander im Park. Dabei hat Luis auch heute nur wenig Zeit. Denn er arbeitet mittlerweile als künstlerischer Direktor an einer neuen Show im Viejo Almacén und ist sehr gewissenhaft bei der Sache. Wir müssen dankbar sein für jeden Job. Denn auf Argentinien kommen harte Zeiten zu. Das neue Jahr hat uns schon einen neuen Präsidenten und geschlossene Banken gebracht. Angekündigt sind vier Tage Bankpause. Niemand weiß, ob es dabei bleibt. Und niemand weiß, was in dieser Zeit mit unserem Geld passieren wird. Es herrscht große Unsicherheit. Der Peso ist im freien Fall. Luis hat wie ich ein Dollarkonto bei einer argentinischen Bank. Wir sind beide viele Jahre auf Tourneen gewesen. Was wird aus unserem Vermögen?

Aber unsere Stimmung ist trotz der schlimmen Krise im Land positiv. Wir haben dieses »Gemeinsam-gegen-den-Rest-der-Welt«-Gefühl, das uns stark sein lässt.

»Morgen zeige ich dir mein Haus«, sagt Luis zum Abschied. Ich weiß, dass dies eine große Liebeserklärung ist. Es ist das eheliche Haus, in dem er viele Jahre zusammen mit Norma und seinem jetzt vier Jahre alten Sohn Nazareno gewohnt hat. Seit zwei Jahren leben die beiden allerdings schon bei Normas Mutter, und Luis ist allein.

*

Ich war noch nie in Quilmes. Aber ich kenne den Ort, weil das berühmte Bier dort gebraut wird. Die Stadt ist schlicht. Hier lebt die Mittelschicht: Lehrer, Beamte, erfolgreiche Handwerker.

Die breite Straße nach Quilmes ist von Fabriken, Geschäften, Reparaturbetrieben und kleinen Bars gesäumt. Dahinter beginnen die Wohnviertel. Zweistöckige Häuser mit hohen Mauern. Es ist ein Uhr in der Frühe. Luis hat mich nach der Show abgeholt. Jetzt fahren wir zu ihm. Hunde schlurfen müde über die Straße. Auf dem Bürgersteig liegen Katzen eingerollt auf dem verbrannten Rasen. Zwei Frauen stehen noch am Zaun und quatschen. Luis winkt ihnen zu.

»Da vorn ist mein Elternhaus«, sagt er. Es ist winzig klein, mit einem höchstens sechs Quadratmeter großen Vorgarten. Als seine Eltern aus dem armen Santiago nach

Buenos Aires gekommen sind, um Jobs zu ergattern, war Luis zwei, sein Bruder vier Jahre alt. Der Vater ist in Fabriken untergekommen. Anfangs haben sie in Holzhäusern gewohnt. Im Laufe der Jahre konnte der Vater dann das Geld für das Steinhäuschen zusammensparen.

»Wenn du das nächste Mal hier bist, stelle ich dich meiner Familie vor«, verspricht mir Luis und nimmt meine Hand. »Schade, dass du meine Mutter nicht mehr kennenlernen kannst. Sie hätte dich bestimmt gern gehabt.«

Ich bin gerührt. Mein Luis, er ist so lieb. Ich weiß, dass er seine Mutter 2000 verloren hat. Sie hatte schwere Herzprobleme und ist im Krankenhaus gestorben. Bis zum letzten Moment harrte er an ihrem Bett aus.

Ich streichele ihm den Handrücken, ganz liebevoll. Er soll wissen, dass er ab jetzt nicht mehr allein sein wird.

Zwei Blöcke weiter hält er vor einer schicken doppelstöckigen Villa. Es ist ein großzügiger gelber Klinkerbau, mit blitzweiß gestrichenen Fenstern, gerahmt von einem perfekt geschnittenen Rasen. Das Grundstück ist hoch ummauert, ein graues Eingangstor öffnet sich elektrisch. Ich sehe beim Hineinfahren im Schein der Laternen einen prächtig blühenden Garten. Ein Paradies!

Wir gehen über die Terrasse hinein. Das Haus ist nur spärlich möbliert.

»Die meisten Möbel habe ich Norma mitgegeben«, erklärt Luis. Wir setzen uns in den Garten. Ich sauge die frische Morgenluft ein und genieße jeden Atemzug. Es ist herrlich, hier draußen zu sein. All der Beton und Krach, die schlechte Luft, die Abgase – alles ist hier weit weg. 22 Kilometer vor den Toren von Buenos Aires fühle ich

Erde und Natur. Ich ziehe meine Sandaletten aus und laufe barfuß über den perfekt gemähten Rasen. Wie lange ist es her, dass ich der Erde so nah war?

»Ich liebe es auch, die Erde zu spüren. Ich denke oft, dass ich gar nicht in die Stadt gehöre«, sagt Luis, während er den Matebecher füllt.

»Wohin denn?«, bohre ich nach.

»Aufs Land. Dorthin, wo ich auch hergekommen bin. Dorthin, wo du noch jeden Tag der Natur dein Leben abringen musst. ›Landjunge‹ hat Martita immer zu mir gesagt. Sie weiß, dass ich viel glücklicher bin, wenn ich den freien Himmel über mir habe. Weißt du, als meine Eltern und ich hierherzogen, wuchsen bis zum Horizont Eukalyptusbäume. Wir sind in die Kronen geklettert und haben uns im Buschwerk versteckt oder auf den Grasflächen dazwischen bis spätabends Fußball gespielt. Und jetzt siehst du, so weit das Auge reicht, nur Häuser. Die Stadt frisst sich immer weiter ins Land hinein.«

»Wer ist Martita?«, hake ich gespannt nach.

»Sie war meine wichtigste Lehrerin. Erinnerst du dich? Ich habe dir mal von ihr erzählt. Damals, als wir zusammen nach der Gala im Foyer standen«, antwortet Luis und zieht mich vom Stuhl hoch und ins Haus.

»Komm mit, ich zeige dir etwas!«

Er führt mich in sein Büro. Eine ganze Wand ist voller Bilder. Es gibt ein Foto seiner Eltern, ein Familienfoto mit seinem Bruder Daniel. Ganz viele Fotos von Nazareno. Die meisten Fotos zeigen aber eine zierlich kleine, schlanke Frau. Sie hat halblanges braunes Haar und ein freundliches, warmherziges Lächeln. Auf vielen Bildern führt sie einen kleinen Jungen an der Hand. Auf einigen steht sie neben einem Halbstarken, der ihr lässig den Arm um die Schulter gelegt hat.

»Hier, das war bei einem Auftritt in Cordoba, ich war damals zwölf«, erzählt Luis und nimmt nach und nach alle Bilder von der Wand. »Und hier komme ich gerade aus Japan. Siehst du das Seidentuch, das Marta um die Schultern trägt? Das habe ich ihr mitgebracht.«

Auf anderen Bildern steht sie mit Luis im Theater, einmal am Flughafen. Einmal sitzen beide am Klavier.

Marta hatte schon in der Grundschule Luis' Talent für Musik entdeckt und dafür gesorgt, dass er nach dem Unterricht noch in eine Musikschule gehen konnte. Sie muss den Kleinen richtig ins Herz geschlossen haben. Denn ich höre jetzt von Luis, dass sie ihn auch noch zu Hause unterrichtet hat: in Etikette, Geschichte und Literatur. Luis liebt Marta. Das kommt deutlich heraus, wenn er von ihr spricht. Ganz liebevoll und sehr dankbar. Sie ist ihm sehr nah. Ich glaube, mindestens so nah wie ihm seine Mutter war.

»Du magst sie sehr!?«, frage ich.

Luis streichelt über eines ihrer Fotos. So liebevoll, so achtsam.

»Ja, sie ist wie eine zweite Mutter für mich, und ich verdanke ihr viel. Sie hat all das übernommen, was meine Mutter nicht tun konnte, weil sie so krank war.«

Wir hängen die Bilder zu zweit wieder auf. Wir schweigen. Ich spüre, dass Luis jetzt nicht reden mag.

Später schachtelt Luis das Holz übereinander, um das Feuer für den Grill anzuzünden, es gibt einen »asado«, etwas, das ich erst in Argentinien kennengelernt habe. Wenn man in Südamerika seine Gäste verwöhnen will, wird gegrillt. Jedes Haus hat eine feste »parilla«, einen Grillplatz. Oft trifft man sich noch nach Mitternacht. Es gibt dann jede Menge Fleisch und vorher eine Picada, kleine Häppchen. Luis macht Rippchen, dazu gibt es Salat. Während ich das Grün schnipple und Luis das große Stück Fleisch umdreht, nippt er an seinem Wein und erzählt mir von sich.

So erfahre ich auch, was man in Argentinien unter Familienzusammenhalt versteht: Draußen in Santiago ist das Leben hart. Es gibt kein staatliches soziales Netz. Das hat mir Luis schon einmal erklärt. Aber ich habe nicht an die Konsequenz gedacht. Wenn der Staat nicht hilft wie bei uns, muss die Familie das Netz ersetzen. Und so ist es selbstverständlich, dass jeder für jeden da ist. Wenn jemand Hilfe braucht, bekommt er sie. Wer Geld hat, teilt es. Klingt schlüssig. Aber in Luis' Familie verdient nur er in nennenswerter Weise Geld. Das heißt, er versorgt alle. Und das schon, seitdem er seinen ersten Auftritt hatte. Ich bin geschockt. Jetzt begreife ich auch, warum er so viel Kraft und Energie hat. Er muss sie haben. Von klein auf hat er viel Verantwortung auf die Schultern gelegt bekommen. Gut, er hat ein breites Kreuz. Aber trägt es immer?

Ich bin nachdenklich. Es ist nicht leicht für eine Europäerin, das Leben hier zu verstehen. Vieles ist komplett anders als bei uns. Hier sieht man dicht nebeneinander unvorstellbaren Reichtum und grausame Armut. Es gibt Luxuskaufhäuser und Nobelhotels wie in Hamburg, New York oder London, und dazwischen betteln kleine Kinder mit starrem Blick um etwas Essen. Nachts kommen die armen Menschen aus den Elends-Quartieren und ziehen als Cartoneros durch die schicken Geschäftsstraßen, um das

Altpapier einzusammeln. Sie ersetzen illegalerweise die Müllabfuhr, und man lässt sie gewähren. Billiger kann niemand die Stadt aufräumen. Unter den Autobahnbrücken campieren die Obdachlosen. Darunter sind viele Familien. Niemand interessiert sich für ihr Schicksal.

Der Preis für so viel Gleichgültigkeit ist eine hohe Kriminalitätsrate. Es wird viel gestohlen. Bewaffnete Raubüberfälle sind an der Tagesordnung. Viele Diebe stehen unter Drogeneinfluss und sind unberechenbar. Neuerdings häufen sich Entführungen. Dabei werden kleine Beträge erpresst, die die Opferfamilien schnell zusammenbekommen können. Die Folgen sind klar: Nachts meidet jeder die Straßen. Kinder werden grundsätzlich nicht allein auf die Straße gelassen. Häuser und Wohnungen sind gesichert. Wer Geld hat, leistet sich einen privaten Sicherheitsdienst. Der Alltag hier ist gefährlich. Aber die Argentinier kennen es nicht anders und gehen viel entspannter damit um, als ich es kann. Ich kann von Luis viel lernen.

»Essen ist fertig«, ruft Luis. Es ist schon 5 Uhr früh. Wir setzen uns an den großen Gartentisch, und ich schaue in den Himmel, der langsam schon hell wird. Luis serviert mir das beste Steak meines Lebens – er ist anscheinend auch ein wahrer Grillmeister.

An diesem Morgen bleibe ich in Quilmes. Irgendwann steht Luis auf, nimmt meine Hand und geht mit mir in sein Schlafzimmer. Natürlich bin ich aufgeregt. Aber es hat etwas ganz Natürliches. Wir sind ein Paar und sinken uns in die Arme.

*

»Ich muss noch mal weg«, rufe ich ins Telefon. In vier Stunden geht mein Flugzeug nach Amsterdam. Es ist Mitte Januar, und in Holland beginnen wir mit der Oper. Am 22. März ist in der Rotterdamse Schouwburg Premiere. Ich fliege vor, weil ich neben den Vorbereitungen noch Filmaufnahmen in Barcelona habe und einen Workshop in Düsseldorf leite. Luis wird erst im März mit der ganzen Truppe nachkommen.

Meine Koffer mit allen Kostümen sind gepackt. Das Taxi ist bestellt. Aber ich kann noch nicht direkt zum Flughafen fahren. Ich muss Luis noch einmal sehen. Gestern Mittag haben wir uns verabschiedet. Seitdem stehen mir unentwegt die Tränen in den Augen. Seit Dezember waren wir jeden Tag zumindest stundenweise zusammen, und jetzt werden Luis und ich uns mehr als einen Monat nicht sehen. Meine Seele brennt. Ich habe richtige Schmerzen. Deshalb versuche ich, ihn noch schnell zu treffen. Ich muss ihn spüren. Unbedingt.

Als ich ihn anrufe, verspricht er, sofort aus Quilmes zu mir zu kommen.

Wir treffen uns wieder im Parque Lezama. Ungeduldig warte ich an einem großen Baum auf ihn. Und dann kommt er. Er geht nicht. Er läuft. Auch er will bei mir sein. Ich weiß das. Ich habe keine Zweifel mehr an seiner Liebe.

Luis sieht schlecht aus. So blass. Mit dunklen Augenringen. Er hat Sorgen. Die ganze Zeit habe ich den Verdacht, dass es mit dem Finanzcrash zu tun hat. Ich habe schon eine Menge Geld durch den Zwangsumtausch verloren. Bei ihm muss es aber ein Vielfaches sein. Doch er will nicht darüber sprechen. Ob er sein Haus verliert? Es wäre eine Katastrophe. Es ist sein Zuhause, seine Burg gegen die Welt, die er oft nicht erträgt. Aber jetzt ist es zu spät, das Thema anzuschneiden. Jetzt geht es nur noch darum, dass wir uns Nähe geben, um die lange Zeit ohneeinander überstehen zu können.

Uns bleiben nur wenige Minuten, und wir sind nicht allein. Um uns herum spielen Kinder am Karussell, zwei ältere Frauen diskutieren über ein Familienfest, ein Mann führt seinen Hund spazieren. Wir sitzen nebeneinander auf einer Bank. Ich unterdrücke meine Tränen. Auch Luis' Augen schimmern feucht. Fast so schüchtern wie damals an der Ballettstange halten wir uns vorsichtig an den Händen. Luis kramt jetzt einen kleinen Briefumschlag aus der Tasche und drückt ihn mir in die Hand. Aber ich soll ihn erst öffnen, wenn ich alleine bin.

»Viaja con Dios«, flüstert er mir ins Ohr und nimmt mich zärtlich in den Arm. Wir halten einander ganz fest, und als er sich von mir löst, empfinde ich noch mehr Schmerz. Das Leben trennt etwas, das zusammengehört. Mit schnellen Schritten laufe ich aus dem Park. Ich bin spät dran. Aber immer wieder drehe ich mich um und sehe Luis dort an der Bank stehen. Ein Bild, das sich in meiner Erinnerung einbrennt. In den kommenden Wochen wird kaum ein Augenblick vergehen, an dem ich dieses Bild nicht abrufe.

Sobald ich in meine Wohnung komme, drücke ich die Tür zu und weine bitterlich. Ich lasse mich auf einen Stuhl fallen und öffne den Umschlag.

Ein Zettel liegt darin, zusammengefaltet wie ein kleines Paket. Als ich es öffne, fällt ein kleines Kreuz heraus. Es ist kein wertvolles Schmuckstück aus Gold, nein, es ist ein ganz einfaches Kreuz aus Blech. So ist Luis. Alles ist bei ihm einfach, bescheiden. Es geht ihm nicht um materielle Werte. Es geht ihm um die Botschaft. Fest presse ich dieses Kreuz an meine Brust und gebe ein Versprechen:

»Ich werde dich bei mir tragen, immer, mein geliebter Luis. An meinem Herzen. Du hast mir das geschenkt, was du am meisten liebst: Jesus. Er wird uns helfen.«

Schnell fädle ich das Kreuz auf eine Kette und hänge es mir um. Ich schiebe es unter den Pullover, damit ich es ganz dicht bei mir am Herzen trage. Ab jetzt für immer!

Den Brief lese ich noch nicht. Nicht nur, weil ich den kostbaren Moment noch hinauszögern will. Ich habe auch ein wenig Angst, dass mir Luis vielleicht Lebwohl sagen könnte. Vielleicht kann er das Warten nicht aushalten? Vielleicht ist ihm ein Leben mit mir zu kompliziert? Ich will jetzt nur den Moment fühlen und sein Kreuz auf meiner Haut spüren. Ich ertrage keine Erschütterungen.

Jeder Meter, den das Auto zum Flughafen rollt, ist ein Meter zu viel. Ich habe das Reisen früher immer genossen. Jetzt empfinde ich es als Qual. Ich will nicht weg. Am liebsten würde ich alles hinwerfen, umdrehen und bei Luis bleiben. Aber das geht nicht. Wovon sollen wir denn leben?

Später im Flugzeug lese ich endlich den Brief. Es sind nur vier Zeilen, aber es ist die schönste Liebeserklärung, die ich bisher bekommen habe. Ich will nur eins – dass wir uns so schnell wie möglich wiedersehen! Luis schrieb für mich:

Hay caminos que se cruzan, como los hay paralelos
(Es gibt Wege, die sich kreuzen, und welche, die sich nie berühren)
Los que se cruzan prefiero
(Die, die sich kreuzen, ziehe ich vor)
Al encontrarse lo nuestro pudimos fundar un sueño
(Als wir das Unsere fanden, hat sich ein Traum erfüllt)
No te olvides jamás que te amo.
(Vergiss niemals, dass ich dich liebe.)

KAPITEL 8

Ich bin schrecklich ungeduldig! Aufgeregt gehe ich vor dem Hotel auf und ab. Vor zwei Stunden ist Luis mit der Tanztruppe in Amsterdam gelandet. Jeden Moment muss der Reisebus um die Ecke biegen und auf die Hotelauffahrt rollen.

Fünf Wochen haben wir uns nicht gesehen und, außer in ein paar kurzen Telefonaten, auch nicht gehört. Ich habe bewusst niemandem vom Ensemble erzählt, dass wir ein Paar sind. So habe ich es mit Luis abgesprochen, und so habe ich es auch den Verantwortlichen gesagt. Unsere Liebe ist Privatsache. Die Direktorin hat das gut verstanden.

Aber sind seine Gefühle noch so stark wie bei unserem Abschied? Ich habe Angst. Der Bus kommt. Mein Herz beginnt wie wild zu schlagen. Ich versuche hinter den Fensterscheiben Luis zu erspähen. Zwei Tänzer winken mir zu. Doch wo ist er? Die Bremsen quietschen. Der Bus hält. Die Tür springt auf. Luciana, eine der jungen Tänzerinnen, läuft auf mich zu, umarmt mich herzlich. Die anderen Tänzer und Musiker lassen sich mehr Zeit. Sie steigen langsam und träge aus dem Bus.

»Hola, Nicole, qué tal? Qué agotador es ese vuelo tan largo!« Sie sind so müde! Der Flug war so lang! Ich höre die spanischen Wortfetzen, bin aber gar nicht richtig anwesend. Ich denke die ganze Zeit nur: Wo ist Luis? Warum steigt er nicht aus? Mein Lächeln erstarrt, und meine Augen blicken unruhig.

Die jungen Leute schnappen sich ihr Gepäck und trotten ins Hotel. Und Luis? Mein Luis?

Ich sehe ihn am Fenster. Er sitzt immer noch im Bus, blickt stur geradeaus. Keine Sekunde suchen seine Augen meinen Blick. Um Himmels Willen, was ist nur passiert?

Silvia, eine andere Tänzerin, tippt mich jetzt an.

»Hola, Nicole, qué alegria verte! Nicole, welch Freude, dich zu sehen!« Sie drückt mich fest. Ich erwidere die Umarmung, mechanisch, und sehe immer zum Busfenster.

Und dann steht er in der Tür des Busses. Still. Nur kurz huscht ein Lächeln über sein Gesicht. Was ist los? Liebt er mich nicht mehr? Doch! Ich sehe es an seinen Augen. Küsschen rechts, links.

»Hola, qué tal? Espero bien! Ich hoffe, es geht dir gut!« So begrüßen sich Fremde. Ich bin enttäuscht.

Aber als sich auf dem Weg zum Hotel unsere Hände berühren, gleicht das einem Funkenflug. Ich verstehe, dass er genauso unsicher ist wie ich. Er weiß auch nicht, ob ich ihn noch will. Was hat das Leben nur mit uns gemacht, dass wir glauben, uns auf keine Liebe mehr einlassen zu können?

Minuten später steht die ganze Truppe an der Rezeption. Ich verteile die Schlüssel. Luis hat die Zimmernummer 309, ich die 106, zwei Etagen unter ihm.

»Hier ist dein Zimmerschlüssel«, sage ich laut, sodass es alle hören können, und ganz leise flüstere ich: »Und das ist meiner.« Dann drücke ich Luis, nicht sichtbar für

1 Auf der Düsseldorfer Königsallee habe ich mir als Kellnerin das Geld für den Flug nach Buenos Aires verdient (1986)

2 Von ihm habe ich viel gelernt: mein erster Tanzlehrer in Buenos Aires war Antonio Todaro (1989)

3 Weltstar Omar Sharif gratuliert mir nach der gelungenen Show im Café Homero in Buenos Aires (1990)

4 Schnappschuss in unserem ersten gemeinsamen Zuhause in Quilmes, einem Vorort von Buenos Aires (2001)

5 In Meerbusch: ein Foto mit Mama und ihrem Lebensgefährten Gustav bei einem meiner seltenen Besuche (1991)

6 Eine andere, aber noch unberührte, gefühlvolle Welt: vor dem Wohnhaus von Luis' Tante Martina und von Cousine Selva in der Provinz Santiago

7 In der Toskana haben wir Tango-Unterricht gegeben. Hier hatte ich noch ein Baby-Bäuchlein, und wir freuten uns auf unser erstes Kind (2003)

8 Silvestershow *Sterne des Varietés* im Kurhaus Wiesbaden, eine Koproduktion von Roncalli und vom Tigerpalast (2003)

9 Besuch aus der Heimat von einer lieben Freundin! Filmstar Uschi Glas und Ehemann Dieter Hermann haben im Viejo Almacén nach der Show auf mich gewartet (2006)

10 Luis und Nazareno sind große Fans des argentinischen Fußball-Traditionsvereins Racing Club. Wir sind früh dran, noch ist das Stadion Presidente Perón leer (2007)

11 Mit dem berühmten Werbeplakat des EON-Konzerns, das 2004 in ganz Deutschland zu sehen war (2009)

12 Endlich wieder bei der Familie! 2008 in Düsseldorf-Oberkassel bei meinem Vater zu Hause mit den Schwestern Ana Lena (vorn), Mylène (hinten links), Joëlle (daneben) und Luis

13 Meine Güte, ich war so aufgeregt! Unsere Hochzeit im Dezember 2011

14 Mein Foto als Tango-Engel ging um die Welt

15 Tanzszene *La Primavera*, der Frühling, eine Milonga Sureña

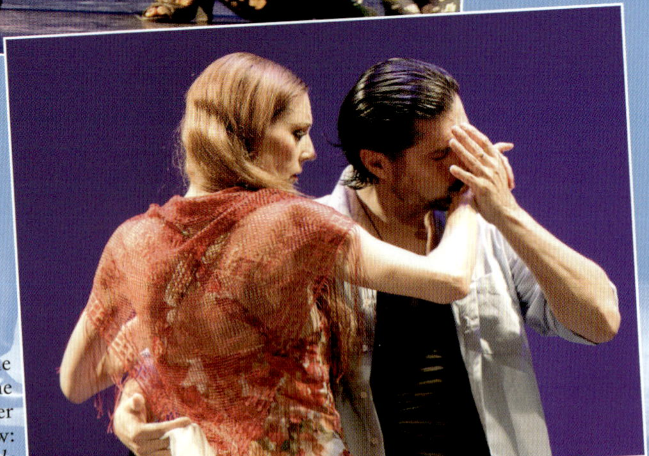

16 Eine Tanzszene aus unserer neuen Show: *El Sonido de mi Tierra*

17 Tanzszene *La Mariposa*, der Schmetterling, ein wundervoller Tango

18 Unsere Bombo-Trommeln werden in etwa fünfzig Handarbeitsstunden aus Ceibo-Holz angefertigt, jede ist ein Unikat

19 Hier feiern wir Triumphe – auf der Bühne des berühmten Tango-Theaters El Viejo Almacén in Buenos Aires

20 Ich liebe diese Stimmung – Durchatmen im El Viejo Almacén, bevor die ersten Zuschauer kommen

21 Aufwändige Handarbeit: Ich nähe und entwerfe fast alle meine kostbaren Kostüme selbst

22 Liebe auf den zweiten Blick – die Millionenstadt Buenos Aires am Río de la Plata ist längst meine zweite Heimat geworden

23 Hier finden wir Ruhe vom anstrengenden Showleben. Wir lieben den Garten und unseren Bungalow in Quilmes

24 Innigkeit – Luis spielt mir immer seine neuesten Kompositionen vor

25 Jahr für Jahr sind wir viele Monate mit dem Tourbus in Europa unterwegs

26 Wir sind glücklich miteinander! Luis ist für mich »mi luz« (mein Licht). Er nennt mich zärtlich »mi vida« (mein Leben)

27 Wenn uns unsere deutschen Fans bitten, tanzen wir für sie. Hier zeigen wir spontan einen Tango auf dem Marktplatz in Langenfeld bei Düsseldorf

28 Oktober 2009 – für Luis sind Reisen im deutschen Herbst und Winter faszinierend, aber er friert immer

29 50 000 Zuschauer jubelten uns zu – nach dem Auftritt mit dem argentinischen Folklore-Star Chaqueño Palavecino

30 Wir tanzen eine Zamba. Ein Tanz, der mindestens so sinnlich ist wie der Tango

die anderen, zwei Schlüssel in die Hand. Was ich jetzt erlebe, werde ich nie im Leben mehr vergessen. Es ist, als ob der liebe Gott in seinem Herzen ein Licht anknipst. Luis beginnt innerlich zu strahlen. Er hat die Botschaft verstanden.

Wir gehen beide auf unsere Zimmer. Doch wenige Minuten später ziehe ich meine Tür von außen zu und nehme den Aufzug. Ich will in den dritten Stock, zu Luis. Das Herz schlägt mir bis zum Hals. Ich klopfe an seine Tür. So lange habe ich auf diesen Moment gewartet. Unerträglich lange. Ich höre ihn kommen, und dann steht er in der geöffneten Tür. Nur eine Sekunde sehen wir uns an. Dann zieht mich Luis mit beiden Händen ins Zimmer. Seine starken Arme umschlingen mich fest, und mit dem Fuß gibt er der Zimmertür einen Stoß. Alle Zweifel sind wie weggeblasen. Wir sind ein Liebespaar.

Später sehe ich meinen Schlüssel neben seinem Bett auf dem Nachttisch liegen. Direkt neben der Heiligen Maria, einem Kreuz und dem Rosenkranz. Das Heiligenbild der Mutter Gottes ist das Erste, was Luis immer aus seinem Koffer holt und aufstellt. Das hat er mir einmal gesagt. Heute legte er meinen Zimmerschlüssel dazu. Er will, dass mich die Engel schützen.

*

Die Oper ist ein Riesenerfolg. Unsere 18 Auftritte sind ausgebucht. Die Presse bejubelt uns, und die weltweite Tango-Szene feiert uns in ihren Gazetten. Ein Meisterwerk des Choreographen Oscar Araiz ist unser Pas de deux, in dem ich Luis in einer Szene vom Tod erlöse. Er liegt dabei auf dem Boden wie in einem Sarg, die Füße zeigen zum Publikum. Ich ziehe ihn hoch, nehme seinen rechten Arm und lege ihn behutsam um meine Taille. Dann nehme ich seinen linken Arm und fasse seine Hand. Unser Tanz beginnt, und mit jedem Schritt wird Luis lebendiger. Die Musik geht ins Crescendo über. Ich fordere immer mehr von ihm. Die anderen Tänzer steigen mit ein. Nur der Tanz hält Luis am Leben, macht ihn stark, kraftvoll, kampfbereit. Schließlich zieht er mich an sich, drückt mir einen Kuss auf die Lippen. Aus. Die Oper endet mit einem Duett. Luis als Morales steppt, und Orestes, sein Sohn, singt eine Arie.

Tango und Oper – wir zeigen vor frenetisch Beifall klatschendem Publikum, wie gut das zusammenpasst. Die Dramatik des Tangos geht Hand in Hand mit der Dramatik der Oper. Die Tango-Sängerin Julia liefert sich wundervolle Duette mit der lyrischen Sängerin Susanna. Luis tanzt solo einen Kontrapunkt zur Arie von Carlos. Es ist ein Erlebnis.

Luis und ich genießen zwar den regelmäßigen abendlichen Erfolg, aber noch mehr kosten wir unsere Zweisamkeit aus. Die Truppe weiß jetzt, dass wir zusammen sind und uns lieben. Wir klettern gemeinsam in den Tourbus, verbringen jeden Moment zu zweit, sitzen oft händchenhaltend nebeneinander.

Einmal zwinkert uns Julia schelmisch zu und sagt: »Da warst du schneller als ich!«

Ich strahle und kann nicht beschreiben, wie glücklich ich bin. Die Zeit an Luis' Seite ist für mich ein Lebensgeschenk. Und während sich die anderen in ihrer Freizeit Holland ansehen und viele Kurztrips planen, ziehen wir uns gern zurück. Wir brauchen die ruhige Zweisamkeit. In unserem Gepäck haben wir eine kleine Tasche mit Besteck und Wasserheizer. Als Tänzer können wir vor einer Show nichts essen. Also zaubern wir uns immer erst in der Nacht ein Picknick im Zimmer. Und damit beginnt dann unsere gemeinsame freie Zeit. Der Job ist getan. Die Aufregung fällt langsam von uns ab. Jetzt fängt die entspannte Zeit des Tages für uns an. Im Supermarkt kaufen wir uns Leckereien wie Lachs-Pasteten und Quiche, oft auch französischen Käse, Oliven, Brot. Ich lege immer alles hübsch zurechtgemacht auf große Teller, dekoriere es mit frischen Kräutern. Wir essen dann ganz in Ruhe und reden bis in die frühen Morgenstunden hinein über Tanz, Poesie, Musik. Wir erzählen uns, was wir gern hören. Luis mag Musik von Queen, ich von den Bee Gees. Beides erinnert uns an unsere Jugend. Wir erzählen uns von den Büchern, die wir gerade lesen. Luis liebt Ernesto Sábatos *Über Helden und Gräber* und ich Patrick Süskinds *Parfum*. Wir blättern in Kunst-Zeitschriften, genießen Filme. Besonders fasziniert uns der Tanzfilm *Bodas de sangre* (Bluthochzeit) mit Antonio Gades. Ich glaube, wir sehen ihn uns dreimal an. Irgendwann sinken wir müde ins Bett. Erschöpft vom Auftritt, aber innerlich reich und zufrieden. Meist ist es dann schon fünf, sechs Uhr morgens.

Tänzer haben nun einmal einen anderen Rhythmus. Früher habe ich nach dem Essen mitten in der Nacht noch gearbeitet, am Computer, in der Wohnung, im Büro. Jetzt habe ich einen Menschen, der meinen ungewöhnlichen Lebensrhythmus mit mir teilt. Das tut mir so gut. Wir können über alles sprechen. Besonders über das, was uns beunruhigt. Luis gibt zu, dass er immer noch Angst hat, mich zu verlieren. Er sieht zu viele Hindernisse für unsere Liebe und macht in einer dieser stillen Nächte auch seinem Herzen Luft.

»Du bist aus Europa, finanziell verwöhnt, eine Bürgerstochter, die weltweites Ansehen genießt. Was willst du denn von einem wie mir?«, fragt er mich plötzlich und sieht mich mit wundem Blick an.

Ich liege in seinem Arm und schüttle ratlos den Kopf. Nervös stottere ich: »Aber ich verstehe dich nicht, Liebling?«

Luis nimmt meine Hand, hält sie fest, und dann verrät er mir, was er empfindet. Ganz ruhig, ganz ernst.

»Ich bin aus einer der ärmsten Gegenden der Welt. Ich kenne nicht nur Hunger und Überlebenskampf, sondern auch das bittere Gefühl, als ›Schwarzer‹ und ›Indio‹ abgewertet zu sein. In meiner Heimat Argentinien gibt es viele Menschen, die auf mich herabsehen, weil ich vom Land bin. Die Weißen werden mich nie akzeptieren. Im Gegenteil. Ich bin den meisten ein Dorn im Auge, weil ich als ›Schwarzer‹ Erfolg habe. Wenn du mit mir zusammen bist, wirft es ein schlechtes Licht auf dich. Willst du dir das wirklich antun? Du bist weiß, schön, reich, anerkannt. Ich kann nicht glauben, dass wir dauerhaft zusammenbleiben können. Das hältst du nicht aus.«

Ich bin irritiert. Als Europäerin nehme ich natürlich viele Dinge anders wahr. Luis muss mir das erklären. Warum passt er nicht zu mir? Nur weil etwas Indioblut in seinen Adern fließt und er aus dem armen Norden kommt? Ich möchte wissen, was er damit meint.

»Ich muss zehnmal so gut tanzen, um in Buenos Aires

als ›Indio‹ auch nur annähernd eine Chance zu haben«, erklärt er mir jetzt mit bebender Stimme. Seine Augen funkeln kämpferisch. »Aber ich liebe mein Volk und bin stolz auf meine Herkunft. Und, ehrlich gesagt, war diese Abstammung das Beste in meinem Leben. Ich wollte immer zeigen, was ich kann, damit die anderen sehen, was ich wert bin.«

In dieser Nacht erfahre ich viel über die Diskriminierung der »Indios« durch die weiße argentinische Gesellschaft. Abfällig werden sie »cabecitas negras« – Schwarzköpfchen – genannt, und man schweigt sie lieber tot, als ihnen eine Chance zu geben. Deshalb sind die Indígenas auch in weit größerem Maße als der Rest der Argentinier von Armut, Arbeitslosigkeit und Analphabetismus betroffen.

Luis ist einer von diesen Missachteten und hat im dauernden Kampf um Anerkennung und Respekt das Vertrauen in viele Menschen verloren. Besonders in Buenos Aires sieht er bei den Menschen erst vorsichtig hinter die Maske, bevor er sich mit ihnen einlässt. Die lauten, ständig angebenden Porteños liegen ihm nicht. Luis liebt die Bescheidenheit. Er sieht sich als Künstler, aber nie als Star. Obwohl er sehr populär ist, meidet er Empfänge und Galas. Er mag keinen Smalltalk und lehnt es ab, jedem einflussreichen Bewohner der Stadt die Hand zu drücken, nur um sich einzuschmeicheln. Er ist wenig diplomatisch, meistens geradeaus und direkt, zeigt seine Ecken und Kanten.

Und mit jedem seiner Sätze verstehe ich seine Vorsicht mir gegenüber mehr. Denn in seinen Augen bin ich eine Weiße, eine von denjenigen, die »Indios« wie ihn im

Grunde ihres Herzens nicht ernst nehmen und sich für etwas Besseres halten.

»Eines Tages wirst du mir vertrauen, Liebling«, sage ich leise und nehme mir fest vor, seine Zweifel zu zerstreuen.

Aber das ist noch nicht alles, was ihn bedrückt. Ich habe längst gemerkt, wie sehr ihn die Nachrichten aus Argentinien bewegen und umtreiben. Wir hören Tag für Tag, dass der Peso verfällt – und damit auch unser in all den Jahren zusammengetanztes Vermögen. Wir errechnen Abend für Abend, was uns noch bleibt, wenn wir zurückkommen, und ich begreife schnell, dass ich einen großen Batzen meiner Ersparnisse in Argentinien durch die Währungsumstellung verloren habe.

Aber ich habe keine Familie, für die ich sorgen muss, und ich habe keine Zukunftsangst, weil ich noch das Konto in Deutschland besitze. Bei Luis ist das anders. Er hat sein ganzes Vermögen in seinem Land, und der Staat hat einfach zugegriffen. Ich ahne allerdings noch nicht, dass seine Verluste so dramatisch sind.

»Ich weiß nicht, ob ich mein Haus behalten kann«, sagt er jetzt leise. Und dann flüstert er: »Nicole, ich kann dir vermutlich nicht mehr viel bieten!«

In all den Wochen hatte ich immer das Gefühl, dass diese finanzielle Belastung ihn so ernst und nachdenklich gemacht hat. Jetzt weiß ich, dass ich recht hatte. Luis geht finanziell durch ein tiefes Tal. Er arbeitet seit Jahren nicht nur für sich, sondern auch für die Eltern, die Familie, seinen Sohn. Was passiert, wenn er jetzt sein Vermögen verliert? Wie soll er damit zurechtkommen, dass er seine Rolle als Ernährer der Seinen nicht mehr erfüllen kann? Er muss furchtbar leiden. Die letzten Monate hat er eisern versucht, gegen die finanziellen Folgen der großen argentinischen Wirtschaftskrise anzutanzen. Jetzt, nach dem Crash, zeigt sich, dass alles vermutlich vergeblich war.

Ich kuschle mich ganz eng in seine Arme.

»Du musst mir nichts bieten«, sage ich leise. »Zumindest nichts Finanzielles. Solange wir tanzen können, geht es weiter. Ich bleibe bei dir – für immer!«

Dann schlafe ich in seinen Armen ein. All die Einsamkeit und Unsicherheit der vergangenen Jahre ist auf einmal wie weggewischt. An Luis' Seite fühle ich mich endlich geborgen. Sein riesengroßes Herz schlägt für mich. Was brauche ich mehr?!

*

Feierliche Orgelmusik ertönt. Die etwa 200 Messebesucher singen das *Ave Maria*. Vorn in der ersten Reihe sitzen kleine Jungen und Mädchen, wunderhübsch zurechtgemacht mit fein gezogenen Scheiteln, aufgedrehten Löckchen und rosigen Wangen. Stolz halten sie ihre Kommunionkerzen in die Höhe und singen voller Andacht ihre Lieder.

Luis und ich sind gerade mit dem Taxi an der St. Anna-Kirche in Düsseldorf-Niederkassel eingetroffen. Meine Nichte Victoria, die Tochter meiner Schwester Mylène, und ihr Bruder Roman haben heute ihre Heilige Kommunion. Leider sind wir etwas zu spät dran.

Wir wollen die Zeremonie nicht stören, bekreuzigen uns leise, knien kurz im Gang zum Altarraum und stellen uns hinten an die Wand. Bestimmt bieten wir einen lustigen Anblick. Denn wir sind mit unseren Koffern eigens aus Amsterdam angereist und direkt zur Kirche gefahren. Jetzt stehen wir hier mit unserem Gepäck. Aber die Kommunion wollten wir auf keinen Fall verpassen.

Es ist April 2002, und gleich wird Luis meine ganze Familie kennenlernen. Er ist nervös. Ich nicht. Ich weiß, dass sie ihn alle mögen werden.

Mein Vater hat uns trotz unserer Vorsicht gehört und dreht sich jetzt lächelnd um. Meine Mutter winkt mir zu und haucht einen Kuss herüber.

Die verlorene Tochter. Da ist sie wieder.

Nach der Kommunion liegen wir uns alle auf dem Vorplatz der Kirche in den Armen. Kameradschaftlich legt mein Vater Luis zur Begrüßung den Arm um die Schulter. Das Eis ist gebrochen.

Luis wird von allen herzlich begrüßt, und später beim Essen fühlt er sich sichtbar wohl.

Meine Mutter findet ihn perfekt. »Er hat Herz. Das brauchst du!«, flüstert sie mir in einem unbeobachteten Moment ins Ohr. Und später meint sie lächelnd: »So, wie du über ihn sprichst, muss es für immer sein.«

Meine jüngere Schwester Joëlle redet engagiert auf Luis ein. Ich bin sicher, er versteht kein Wort. Denn Luis hat erst wenige Brocken Deutsch gelernt. Aber er lacht sie freundlich an. Sie ist glücklich, und deshalb bin ich es auch.

Mylène, die Ältere, knuddelt mich herzlich. »Ich gratuliere dir zu diesem sympathischen Mann. Man sieht ihm an, dass er ein Netter ist. Und dass er dein Herz ganz behutsam in seinen Händen hält.«

Und auch Papa, der sonst so gut wie nie spricht, meint

später im Restaurant am Kuchenbuffet, dass Luis gut in unsere Familie passe. Ich bin so selig.

Für den Abend habe ich für Luis und mich ein feines kleines Hotel im Grünen gebucht, idyllisch am Waldrand gelegen. Ich habe ein bisschen ein schlechtes Gewissen, weil es so einsam dort ist. Aber in Düsseldorf ist Messe. Ich konnte kein anderes Zimmer bekommen.

Als ich mit Luis im Taxi dorthin fahre, halte ich innerlich die Luft an. Wie er wohl reagieren wird, wenn er so weit weg von der City unterkommt? Es ist doch unser letztes Wochenende, denn am Montag muss Luis zurück nach Buenos Aires fliegen. Er hat fest gebuchte Engagements. Eigentlich wollte ich ihm zum Abschied etwas ganz Besonderes bieten, und jetzt wird er die uns verbleibende kostbare Zeit mit mir am gefühlten Ende der Welt verbringen. Ob ihn das stört? Aber Luis ist ganz aus dem Häuschen vor Begeisterung. Obwohl es schon recht spät ist, will er mit mir noch durch den Wald gehen. Das viele Grün, die klare Luft. Er liebt das.

»Ich habe von früheren Auftritten her gewusst, dass Deutschland so schön ist, aber das nie so nah erleben dürfen«, verrät er mir später, als wir müde im Bett liegen. Wir schmiegen uns aneinander und reden. Luis empfand die Mitglieder meiner Familie als »gente noble y de buen corazón«, nobel und mit großem Herzen, und möchte am liebsten gleich einen Deutschkurs machen.

»Eure Sprache klingt so elegant. Ich muss sie lernen, damit ich mit deinem Vater sprechen kann«, meint er und plant schon unsere nächste Deutschlandreise.

»Dann fang doch am besten gleich an«, fordere ich ihn auf. »Ich bin eine gute Lehrerin.«

Und dann albere ich mit ihm herum, weil er nicht »Apfelsaftschorle« oder »Streichholzschächtelchen« sagen kann. Er spricht das »ch« so lustig aus. Wir kichern wie die Kinder. Luis ist so entspannt wie schon lange nicht mehr. Er fühlt sich wohl mit mir, mit meiner Familie. Ich bin überglücklich.

Am nächsten Tag zeige ich ihm jeden Flecken von Düsseldorf, der wichtig für mich war. Meine Grundschule, das Gymnasium. Den Berg, auf dem ich Schlitten gefahren bin. Den Spielplatz, auf dem ich mir das erste Mal die Zähne ausgeschlagen habe. Die Werbeagentur. Das Café König. Einfach alles.

»Stell dir vor, es sieht hier noch vieles so aus wie damals«, schwärme ich und zeige ihm den Stein, auf dem ich immer so gern nach der Schule saß, und die Bäume, unter denen ich Verstecken spielen konnte. Sogar eine Markierung in der Rinde kann ich noch wiederfinden. Es sind die Initialen meiner beiden Schwestern.

Luis ist erstaunt. »Das ist ein Geschenk, Nicole, dass hier alles so gut erhalten ist. Wenn ich mein Elternhaus ansehe, meine Straße, meine Stadt, dann ist nichts mehr so wie vor 30 Jahren. Es gibt in Argentinien einfach keinen Respekt vor der Vergangenheit und der Erinnerung.« Und dann erklärt mir Luis, wie er das meint. »Ich kann in Buenos Aires niemandem zeigen, wo ich großgeworden bin. Die Eukalyptusbäume, die früher vor meinem Elternhaus standen, sind längst abgeholzt, die sprudelnden Bäche zugeschüttet. Die malerischen Kolonialhäuser, die schmiedeeisernen Laternen, das Kopfsteinpflaster und die pittoresken Mauern, alles ist weg.« Luis' Augen blicken jetzt zornig. »Dafür gibt es McDonald's, Burger

King und Wohnblöcke. Ich erkenne meine eigene Heimat nicht wieder, weil alles rücksichtslos verschandelt worden ist und man heute die Menschen wie Vieh in Mietskasernen zusammenpfercht.« Dann sieht er mich liebevoll an. »Weißt du, Nicole, dir ist noch vieles von früher erhalten geblieben. Du kannst glücklich sein, aus deinem Land zu kommen.«

*

Wir sind bei meiner Mutter und ihrem Freund Gustav. Sie hat uns zum Kaffee eingeladen. Ein wundervoll gedeckter Kuchentisch erwartet uns. Luis' Augen wandern über die Tischplatte, all die bestickten Servietten, Gäbelchen und Tellerchen. »Servilletas, tenedorcitos y platitos – so viele liebevolle Details«, bemerkt er und bestaunt die Schüsseln und Teller, als studiere er eine Choreographie. Ich lächle Mama an, und meine Augen sagen Danke. Denn dieses teure Porzellan holt sie nur hervor, wenn ihr der Besuch ganz wichtig ist. Mama möchte von Luis viel über Argentinien wissen. Sie fragt nach seiner großen Familie und wie es in seinem Heimatdorf aussieht. Ich übersetze alles, was Luis erzählt. Die Atmosphäre ist sehr liebevoll und entspannt, und ab und zu auch richtig lustig. Als Luis nicht weiß, was er mit den Kandisstücken für den Tee machen soll, und sie vorsichtig mit einer Zange auf seinen Kuchenteller kullern lässt, muss Mama schmunzeln. Später serviert sie ihm ihren geliebten Sahnehering und ist ganz von der Rolle, als sie sein entsetztes Gesicht sieht.

»Hering, Sahne und Apfel«, übersetze ich Luis, als er

fragt, was das ist. Er versucht höflich zu lächeln, doch das gelingt ihm nicht mehr. Mama ist nett. Sie erspart ihm sogar die Kostprobe und bringt ihren Hering schnell wieder in die Küche.

Am Abend bittet sie ihn, ihr ein Lied auf der Gitarre vorzuspielen. Mama hat als Kind Gitarrenunterricht gehabt und kramt jetzt ihr Instrument aus dem Schrank. Ja, und dann sitzen wir zu viert in ihrem Wohnzimmer. Luis spielt ein argentinisches Volkslied, und Mama hört andächtig zu. Einmal zwinkert sie mir zu. Ich weiß, was sie mir sagen will: Sie mag Luis.

Zum Abschied schenkt sie uns eine Fliese mit einer Zeichnung der Düsseldorfer Altstadt.

»Wenn ihr euer eigenes Heim habt, dann könnt ihr hiermit einen Grundstein legen«, meint sie lachend.

Ich herze sie lange. Sie ist eine wundervolle Mutter, zumindest wenn der Alkohol keine Rolle spielt.

Abends besuchen wir noch Papa, und meine beiden Männer entdecken ihre Vorliebe für Rotwein und andere edle Getränke. Es wird ein langer, ausgelassener Abend. Luis spricht so viel wie nie. Ich übersetze es für Papa und umgekehrt. Die beiden haben Spaß, obwohl das, was sie sagen, mit jedem Glas weniger Bedeutung hat. Als es um Mitternacht darum geht, ob Deutsche oder Argentinier besser Auto fahren, beschließe ich, mit Luis ins Hotel zurückzukehren. Papa gibt uns seinen Wagen. Luis beharrt noch auf dem Beifahrersitz darauf, dass es kinderleicht sei, in Düsseldorf zu fahren. Diese leeren Straßen, so etwas habe er überhaupt noch nicht gesehen. Mein Luis, er ist so fröhlich. Ich wünschte, ich könnte den Moment festhalten. Ich ahne damals, dass die momentane Leichtigkeit unseres Seins nur vorübergehend ist. Wir überspielen damit unsere Angst vor der Zukunft. Denn wir wissen beide nicht, wie unser Leben gemeinsam weitergehen soll.

Wir sind zwei Künstler mit prall gefülltem Kalender und Auftrittsorten in der ganzen Welt. Wie und wo sollen wir unsere Liebe leben?

Luis fliegt morgen zurück. Er hat schon zwei Tage später Auftritte in Salvador und Honduras – diesmal mit Susana, einer Kollegin. Ich gebe Unterricht in München, Berlin, Italien, Griechenland und in der Provence, dazu kommen Auftritte in Deutschland. Wir haben nachgesehen und erschrocken festgestellt, dass der nächste Tag, den wir gemeinsam in Buenos Aires sein werden, der 15. Juni 2002 ist. Das heißt, wir sehen uns erst in sechs Wochen wieder. Wie soll das mit uns weitergehen?

»Ich kann nicht damit leben, dass die Frau, die ich liebe, nur ein paar Wochen im Jahr an meiner Seite ist«, meint Luis in der Nacht vor unserem Abschied, und er wirkt sehr geknickt.

Ich streichle sein Gesicht, lege meine Handfläche an seine Wange und schaue traurig ins Dunkel. Ich mag nicht weinen. Diese Liebe ist so groß und kostbar. Ich will stark sein. Aber er hat recht mit dem, was er sagt. Die letzten vier Wochen waren wir rund um die Uhr zusammen. Und jetzt werden wir wieder auseinandergerissen. Der drohende Abschied lastet schwer auf unseren Herzen. Dazu quält uns die Eifersucht. Luis reist mit seiner Ex-Frau oder anderen Tänzerinnen durch Südamerika und ich mit meinem Ex-Partner durch Europa. Jeder Mann, dem ich dabei begegne, ist für Luis eine Konkurrenz. Er hat Angst, mich zu verlieren, an den Erstbesten, der mir Halt geben könnte.

Wie soll ein frischverliebtes Paar das durchstehen? Irgendwann wird sich der Zweifel in unsere Herzen bohren, und was machen wir dann? Wir sind 4000 Kilometer voneinander getrennt. Gut, wir sind Künstler und müssen eigentlich froh sein, dass wir so viele Engagements haben. Aber wenn man liebt, bedeutet das nicht mehr so viel. Mich macht das Herumreisen schon lange nicht mehr glücklich. Ich habe viel verdient. Aber was hat es letztlich gebracht? Einen Teil meines Geldes hat die Krise geschluckt. Und Geld ist es sowieso nicht wert, dafür gegen sein Gefühl zu leben.

Ich möchte mit Luis Kinder haben, eine Familie gründen, ein Zuhause schaffen, nach dem ich mich schon so lange sehne. Ich möchte endlich zur Ruhe kommen. Aber so geht es nicht. Wir müssen eine Entscheidung treffen!

KAPITEL 9

Im Radio singt Chaqueño Palavecino, Argentiniens berühmter Folklorestar, seinen neuen Hit *Amor salvaje* (Wilde Liebe). Ich sitze mit Luis im Auto, und zusammen summen wir die Melodie mit. Es ist Dezember 2002, und Luis hält meine Hand. Ich streichle seinen Arm. Wir sind so glücklich, wieder vereint zu sein.

Ich bin nach Luis' Abflug noch acht Monate in Europa unterwegs gewesen, um meine Verträge zu erfüllen: Kurse in Italien, Shows in Deutschland, einen Werbevertrag in Hamburg.

In den wenigen freien Tagen habe ich mich immer sofort ins nächste Flugzeug gesetzt und bin nach Argentinien geflogen. Aber wir hatten jedes Mal höchstens eine Woche Zeit miteinander. Dann hieß es wieder Koffer packen.

Unsere Trennungen wurden immer quälender. So schlimm, dass wir oft schon das Wiedersehen gar nicht mehr genießen konnten. Einmal holte Luis mich ab und fragte gleich: »Wann musst du wieder los?« Es war absurd.

Und die Zeit ohneeinander blieb auch nicht ohne Turbulenzen.

Denn wie erwartet hatte uns schon nach kurzer Zeit die Eifersucht fest im Griff. Die Vorstellung, dass Norma mit ihm von Auftritt zu Auftritt fährt, während ich 4000 Kilometer entfernt auf der Bühne stehe, war einfach nur furchtbar für mich. Wenn Luis anrief, war ich oft gereizt deswegen. Ein Wort ergab das andere. Wir hatten dann unschöne Momente am Telefon und keine Zeit, die Probleme zu klären. Wenn ich dann noch unbedarft von einem netten Schüler erzählte, war die Stimmung sowieso am Boden. Mit jedem Tag der Trennung trudelten wir tiefer in die typische Falle einer Fernbeziehung.

Im Juli 2002 gab es den ersten riesengroßen Krach. Alles fing ganz harmlos an. Ich hatte eine Unterrichtswoche in der Toskana und wollte nachts vom Hotel aus Luis anrufen. Doch er ging nicht ans Telefon. Ich war sofort unruhig. Wir hatten uns doch für den Zeitpunkt verabredet, und Luis ist dann immer am Apparat gewesen. Was war passiert? War er krank? Gab es eine andere? Ich dachte alles zu Ende, auch das eigentlich Absurde. Erst beim fünften Anlauf nahm er endlich den Hörer ab.

»Ich bin eingeschlafen!«, entschuldigte er sich. »Wie geht es dir, mein Liebling?«

»Ich habe heute wundervoll getanzt«, erzählte ich, und kaum hatte ich es gesagt, merkte ich, was ich damit angerichtet hatte.

»Ach, mit wem denn?«, bohrte Luis unvermittelt nach.

Ich fing aus unerfindlichen Gründen auf einmal an zu stottern: »Aber Luis, ich wollte dir doch nur sagen, dass ich alles, was wir so lange geübt haben, endlich perfekt umsetzen kann.«

Unruhig lief ich dabei auf und ab. Ich ahnte, dass Luis jetzt wieder in die Eifersuchtsfalle rutschte.

Plötzlich Stille.

»Was sind das für Schritte im Hintergrund?«, wollte er jetzt wissen.

Ich lachte nervös, brachte nur ein »Meine, Liebling!« heraus.

Was kam, war ein würdeloses Hin und Her um Verdächtigungen und Eifersüchteleien. Ich konnte sagen, was ich wollte. Luis glaubte mir nicht. Ich war verletzt. Luis auch. Das war's. Unsere Liebe hatte das Reine, Unschuldige verloren.

Wir verabschiedeten uns kühl. Ich weinte. Aus Schmerz, aber auch aus Hilfslosigkeit. Wir konnten nichts klären. Nicht über diese vielen Tausend Kilometer hinweg.

Eine Szene, die sich in den kommenden Wochen und Monaten mehrfach wiederholte. Luis war furchtbar eifersüchtig, und er vertraute mir nicht mehr. Umgekehrt ging es mir oft nicht anders. Ich störte mich daran, dass er mit Norma unterwegs war. Meine innere Unruhe führte zu Sticheleien.

Mit Sätzen wie: »Na, hattet ihr einen schönen Abend?« oder: »Ihr könnt ja auch ein Doppelzimmer nehmen!«, vergiftete ich die Stimmung.

Luis reagierte beleidigt, zischte Sätze wie: »Du musst gerade reden«, oder noch schlimmer: »Was denkst du denn von Norma?«

Irgendwann knallte er dann den Hörer auf. Was folgte, waren durchweinte Nächte und Tage mit Bauchweh und Herzrasen. Es ging uns beiden immer häufiger richtig schlecht, obwohl es eigentlich nie Grund für unsere Streitereien gab.

Wir hatten einfach nur zu viel Zeit, allein unsere Gedanken sausen zu lassen – und es stauten sich zu viele ungeklärte Fragen auf. Was wir als Erklärung liefern wollten, kam am Telefon beim anderen nicht richtig an. Ein Kuss, eine Umarmung, und die Missstimmung wäre vorbei gewesen. Doch wie sollte das bei der Entfernung gehen? Und lange Diskussionen waren bei den horrenden Telefonpreisen auch nicht möglich. Also wurden wir einsilbig. Ein schneller Abschied. Dann Klack. Aufgelegt. Zurück blieben Verlustängste und das Gefühl, dass ein Sandkorn im Getriebe der Beziehung steckte.

Wenn ich Wochen später wieder in Buenos Aires war, hatten sich zwischen uns schon wieder alte Ängste aufgebaut. Wir fühlten uns unsicher, Zweifel bohrten in unseren Herzen. Liebten wir uns noch? Waren die Gefühle stark genug, dieses Leben noch eine Zeit lang weiterzuführen? Wir versuchten, uns immer wieder zu finden, aber dann klingelte schon wieder das Telefon, und einer von uns musste los.

In der Zeit ohne Luis fühlte ich mich wie eine Blume ohne Wasser: geknickt, kraftlos, ausgeliefert. Insgesamt war es ein bitteres Jahr, voller Ängste um diese zarte Liebe – und als Tiefpunkt ein furchtbarer Schicksalsschlag, der mich zutiefst erschütterte:

Als ich im Oktober auf dem Weg nach Berlin war, erreichte mich am Flughafen ein Anruf von Mylène.

»Mama ist tot. Sie hatte einen Unfall. Sie ist noch nicht hier, sie muss noch überführt werden. Komm nach Hause!«

Ich musste trotz der schlimmen Nachricht an diesem Wochenende in Berlin im Tango Vivo noch unterrichten und tanzen, um meinen Vertrag zu erfüllen. Wie ich das durchstand? Ich weiß es bis heute nicht. Am nächsten

Morgen saß ich jedenfalls im Zug nach Düsseldorf. Todtraurig und innerlich leer.

Mylène wartete am Bahnsteig auf mich. Wortlos fielen wir uns in die Arme und weinten bitterlich. Erst jetzt erfuhr ich, was passiert war. Mama war wie jedes Jahr mit ihren Freunden im Spanien-Urlaub gewesen. Niemand weiß, was in ihrem Zimmer passiert ist. Hotelgäste haben sie dann im Garten gefunden. Laut Polizeibericht ist sie vom Balkon im siebten Stock gestürzt. Ein Fremdverschulden schlossen die Beamten aus. An Selbstmord glauben wir nicht. Vielleicht hatte sie getrunken und die Orientierung verloren. Niemand wird uns je eine Antwort geben können.

Ich fühlte mich in diesen Stunden so unendlich allein. Mit Mama verlor ich eine ganz wichtige Bezugsperson. Ich hatte ihr immer alles anvertrauen können. Sie war meine Zuhörerin gewesen, meine seelische Stütze, mein Halt. Und Luis war in Argentinien und also furchtbar weit weg.

Als ich mit Mamas Tod im Herzen nach Argentinien flog, wusste ich, dass ich so nicht weiterleben konnte. Ich hatte endlich den Mann gefunden, mit dem ich zusammen sein wollte. Ich durfte keine Zeit mehr verlieren. »Ich sage alle Engagements ab und bleibe in Buenos Aires«, versprach ich Luis damals am Telefon. Ich wollte diese Liebe nicht länger gefährden.

Und jetzt sitze ich also mit Luis im Auto und fahre in mein neues Leben mit ihm. Es ist Mitte November 2002, und wir sind erleichtert und erlöst, dass wir beieinander sind. Trotz allem, was passiert ist. Ich habe meine Mutter beerdigt. Das Schlimmste überhaupt. Aber auch

Luis hat in den vergangenen Monaten eine schwere Zeit durchlebt. Er hat sein Haus und den größten Teil seines Vermögens verloren. Es geht ihm nicht gut. Aber wir wollen nach vorn sehen. Es muss für uns irgendwie weitergehen.

Luis hat dann doch noch eine wunderbare Nachricht für mich. Denn wir fahren nicht irgendwohin, nein, wir fahren zu unserem ersten gemeinsamen Zuhause. Luis hat dafür gesorgt, dass wir endlich ein Heim haben. In Quilmes, in der Nähe seines Elternhauses, hat er uns ein großzügiges Apartment gemietet. Es ist nicht zu vergleichen mit der Villa, die mal sein Zuhause war. Aber für mich ist es das Paradies. Drei große sonnendurchflutete Zimmer, Küche, Bad, Dachterrasse. Und das Schönste: Im Wohnzimmer steht ein neuer Tisch mit zwei Bänken! Luis hat ihn für uns anfertigen lassen. Rohe Baumäste sind die Beine, rohes gemasertes Holz die Tischplatte und die Sitzfläche. Ein fast natürlich belassener Baum, der jetzt unser Esszimmer schmückt. Ich bin total begeistert.

»Eine Familie braucht einen Tisch«, hat Luis immer gesagt. Und jetzt steht einer dort. *Unser* Tisch. Ich falle ihm vor Glück um den Hals.

»Mi Amor, ich bin so dankbar, dass du das für uns getan hast«, flüstere ich ihm ins Ohr und möchte ihn nicht mehr loslassen. Luis, mein Mann, mit diesem Tisch hat er den Grundstein für unsere Familie gelegt. Und mehr noch, er hat sogar eine deutsche Fahne für mich gekauft und in der Küche aufgehängt.

»Du brauchst ein Stück Heimat«, sagt er lächelnd. »Ein Stück Deutschland. Auch wenn es nur winzig ist, wird es dir helfen, hier glücklich zu sein.«

Luis nimmt mich in den Arm, ganz lange, ganz fest. Ich bin angekommen. Zum ersten Mal seit meinem Auszug bei meiner Familie habe ich wieder ein Zuhause. Bei Luis. »Es geht mir gut, Mama«, sage ich leise und sehe durch das Fenster in den Himmel. »Du musst dich nicht mehr um mich sorgen.«

*

Zwei Tage später bekomme ich einen Anruf aus Deutschland. Ein Hamburger Werbestudio ist am Apparat und überrascht mich mit einem Angebot, das man nur schwer ablehnen kann: Der Elektrokonzern EON will mich für eine Plakataktion buchen. Ich bekomme ein traumhaftes Honorar und sage spontan zu – ohne zu ahnen, was das für Folgen hat.

Als ich Luis freudestrahlend davon erzähle, lässt er mich wortlos stehen und spricht nicht mehr mit mir. Er ist beleidigt. Wenn ich ihn anspreche, reagiert er nicht. Er geht wortlos aus dem Haus, kommt wortlos zurück. Statt mit mir zu essen, schließt er sich im Schlafzimmer ein. Auf mein Klopfen und Bitten, die Tür aufzuschließen, damit wir reden können, reagiert er nicht. Was habe ich ihm denn getan? Was nimmt er mir so übel, dass er mich nicht mehr in seiner Nähe haben kann?

»Liebling, was ist los? Bitte sprich doch mit mir!« Ich flehe ihn regelrecht an. Aber er sieht nur stumm geradeaus und spricht kein Wort mit mir. Ich bin Luft für ihn, bin ihm nicht einen Satz wert.

Vier Tage lässt er mich zappeln. Erst am fünften Tag platzt alles aus ihm heraus. Lautstark macht er mir Vorhaltungen: »Du hast mich hintergangen. Es ist erst wenige Tage her, da hast du mir versprochen, wenigstens eine Zeit lang bei mir in Buenos Aires zu bleiben. Jetzt willst du nach drei Tagen schon wieder wegfliegen. Was sind deine Worte wert? Nichts!«

Luis schlägt jetzt mit der Hand auf den Tisch und donnert weiter seine Wut und Enttäuschung heraus.

»Auf dich kann man sich nicht verlassen!«, brüllt er mir entgegen.

Das reicht!

Jetzt bin ich verletzt und sage das auch ganz deutlich.

»Es geht hier, mein Lieber, um meine Karriere«, zische ich ihn an. »Ich habe nicht so lange so hart für den Erfolg gearbeitet und in Deutschland alles aufgegeben, um jetzt einfach hinzuschmeißen.« Meine Stimme vibriert vor Zorn. Gut, ich will künftig mehr Engagements in Argentinien annehmen und weniger in Europa arbeiten. Das versichere ich ihm erneut. Aber ich lasse auch keinen Zweifel daran, dass ich weiter tanzen will.

»Du weißt, was du tust«, fordert mich Luis heraus, und seine Augen blitzen entschlossen. Wir stehen voreinander in der Küche und fauchen uns an. In dem Moment ruft das Werbebüro erneut an. Ich muss das Flugticket jetzt bestätigen.

»Ich warte noch auf Ihre Daten, Frau Nau, oder gibt es ein Problem?«, will der Mitarbeiter wissen.

»Ich komme! Ich schicke gleich alles raus.«

Kaum habe ich diese Wörter ausgesprochen, höre ich Luis lautstark fluchen. Dann sehe ich ihn aus der Wohnung rennen. Die Tür knallt ins Schloss. Ich bin allein.

Wieder allein. War alles nur ein schöner Traum, der bereits zerplatzt ist?

*

Luis fährt mich später zum Flughafen. Aber er weigert sich, mich anzusehen oder mir gar zum Abschied die Hand zu geben. Ich habe mich in seiner Perspektive gegen uns entschieden, also gibt es uns jetzt auch nicht mehr für ihn. Für ihn ist das logisch. Mich verletzt es zutiefst. Zumal er mich auch seit nunmehr mehr als einer Woche ignoriert. Als ich eingecheckt habe, dreht Luis sich um und geht, ohne sich noch einmal zu mir umzuschauen. Ich zittere vor Schmerz, als ich ins Flugzeug steige.

Liebesentzug – es gibt für mich nichts Quälenderes. Warum tut er mir das an? Was soll ich jetzt tun? Es war doch keine Entscheidung gegen uns. Mit kneifendem Magen und verkrampftem Herzen steige ich ins Flugzeug Richtung Deutschland. Wie wird mein Leben jetzt weitergehen? Ich fühle mich allein, verlassen. Habe ich nach Mama jetzt auch den zweiten geliebten Menschen in meinem Leben verloren?

Ich fliege 14 Stunden bis Frankfurt und möchte ihm wie immer sagen, dass ich gut angekommen bin. Aber Luis geht nicht an den Apparat. Morgen habe ich für einen Tag das Plakat-Shooting. Übermorgen fliege ich sofort wieder zurück. Ich bitte die Agentur, den Rückflug sofort zu buchen. In Deutschland finde ich keine Ruhe mehr. Luis und mich trennen der große Ozean und eine riesengroße Missstimmung. Ich kann nichts genießen. Ich kann erst wieder durchatmen und fröhlich sein, wenn zwischen uns alles in Ordnung ist. Ich muss nach Buenos Aires zurück, zu Luis.

Als ich mit dem Koffer in der Hand unangemeldet in der Tür stehe, sieht er mich überrascht an. Demonstrativ will er sich zur Seite drehen. Aber etwas verrät ihn: Seine Augen strahlen vor Freude. Aber sie zeigen auch seine Angst, ich könnte ihn nicht ernst nehmen und eines Tages verlassen. Stumm nehme ich ihn deshalb in den Arm und sage nur: »Ich bin da, Liebling, und jetzt bleibe ich auch.«

*

Anschließend verlebe ich die vielleicht schönste Zeit meines Lebens. Luis und ich genießen den ganz normalen Alltag eines Paares. Wir haben plötzlich Routine. Vielen Menschen ist das ein Gräuel. Aber wir lieben es. Jeder Tag ist gleich. Es gibt Rituale, feste Abläufe. Herrlich! Ich kann jeden Tag planen, weiß, was mich wann und wo erwartet. Das gibt mir die so viele Jahre vermisste Sicherheit und Ruhe.

Luis hat ein festes Engagement in Buenos Aires, das heißt, jeden Tag um 22 Uhr einen Auftritt mit Norma. Nachmittags treffen sie sich zum Training. Die restliche Zeit leben wir beide wie Millionen andere Paare. Wir stehen zusammen auf, frühstücken, gehen gemeinsam einkaufen, räumen die Wohnung auf. Wir schmieden Pläne, treffen Freunde.

Ich komme mittlerweile auch gut mit Norma zurecht. Meine anfängliche Eifersucht ist weg. Die Ehe der beiden ist vorbei. Sie sind nur noch beruflich ein Paar. Das akzeptiere ich.

Dann lerne ich auch Nazareno kennen, Luis' Sohn. Er ist ein süßer Knirps von vier Jahren, und wir beide schließen uns sofort gegenseitig ins Herz. Als wir uns das erste Mal sehen, möchte ich mich vorstellen. Da marschiert er an mir vorbei und sagt: »Ya te conozco! Ich kenne dich schon. Papa hat ganz viele Fotos von dir.« Und sein kleiner Finger stupst auf eines meiner Bilder, die auf dem Sideboard stehen. Einen besseren Start in unsere Beziehung hätte es nicht geben können.

Am Wochenende ist der Kleine jetzt oft bei uns, und ich darf die Mutterrolle üben. Ich spiele gern mit ihm, und am liebsten malen wir miteinander. Er liebt es, wenn ich Bäume zeichne und er mit grüner Farbe Blätter an die Äste malen darf. Ich lese ihm Geschichten vor und bekoche ihn. Es macht mir so viel Freude, mich um ihn zu kümmern. Ich wünsche mir Kinder von Luis, ganz viele. Und wenn ich die Augen schließe, sehe ich mich am Tisch mit einer quirligen Kinderschar. Ach, mein Leben ist schön …

Endlich beginne ich auch, Wurzeln zu schlagen. Bisher war ich eine Ausländerin, eine Fremde. Mit Luis an der Seite fühle ich mich heimisch. Er erzählt mir so viel von seiner Kultur, von den Indígenas, von deren Folklore, die ich noch gar nicht kenne, aber auch vom Tango, der ihn genauso gefangen hält wie mich.

»Es gibt über 200 Folklore-Tänze in Argentinien, der Tango ist nur einer von ihnen, wenn auch der berühmteste«, erklärt mir Luis. »Aber er ist Teil unserer großen Kultur.«

Luis bringt mir Bücher mit über die vielen Tänze, liest mir daraus vor, zeigt mir Bilder, erklärt mir Schritte. Es ist, als ob ich aus einem Traum erwache. Ich sehe jetzt auch Tango und seine Musik ganz anders als früher. Kaum vorstellbar, dass ich mal mit einem Kittel oder einer Federboa auf der Bühne stand.

Der Tango ist viel natürlicher, einfacher, bescheidener. Er braucht keine großen aufgesetzten Gesten, keine Allüren. Er ist der Tanz eines einfachen Volkes, das sich in der Stadt unter härtesten Bedingungen ein neues Leben aufbauen musste. Aber auch der Tanz der Menschen aus dem Landesinnern, die ihre Gesten und Gewohnheiten einbrachten. Anhand von Musikbeispielen zeigt mir Luis, wie »schwarz« die Musik ist, das heißt, wie stark sie von den Rhythmen und Bewegungen der Afro-Schwarzen geprägt ist. Einen Einfluss, die der gemeine Porteño natürlich beharrlich verschweigt.

Mit Luis lerne ich jetzt die Chacarera, einen sehr fröhlichen traditionellen Volkstanz, der im ganzen Land populär ist. Ich lerne, wie man den Bombo, eine aus Ceibo-Holz geschnitzte Trommel, spielt, wie man steppt und wie man die typischen Boleadora-Kugeln benutzt, Schleuderkugeln, die in den Tänzen der Gauchos zum Einsatz kamen und deren Handhabung höchste Präzison erfordert.

Er erzählt mir von der Romantik der Gauchos, dieser einfachen Männer, Mestizen wie Luis, die in absoluter Stille arbeiteten, ihre eigenen Herren waren und mutig und stolz ihre Freiheit und ihre Familien verteidigten. Sie liebten ihre Erde durch und durch und kämpften für sie. Sie lebten unter freiem Himmel und verfügten über ein Wissen, das nicht in Büchern steht. Und eine Ehre, die es heute kaum mehr gibt. Atahualpa Yupanqui, der berühmte argentinische Musiker und Autor, sagte einmal: »Wenn der Gaucho dir die Hand gibt, fühlt er, dass er eine Verpflichtung eingeht.« Wichtiger als jedes Dokument ist sein Wort. Sein Handschlag ist unter keinen Umständen auflösbar! Lieber stirbt er. Sein Wort gilt!

Luis sieht sich ebenfalls als Gaucho und hat nicht nur die Werte dieser Menschen, sondern auch die Romantik verinnerlicht. Wie der Gaucho genießt auch er seine Freizeit am liebsten unter einem Baum, und oft greift er dann zu seiner Gitarre und singt seine Chacareras, die von seinem Land handeln. Aber er singt auch traurige Lieder. Lieder seiner Vorfahren. Sein Lieblingslied ist *Vidala para mi sombra*. Es beschreibt den Gaucho, der einsam, nur von seinem Schatten begleitet, ganz für sich lebt und sich Sorgen macht, was wohl mit seinem Schatten geschieht, wenn er einmal nicht mehr da sein wird:

Manchmal folge ich meinem Schatten
Manchmal kommt er von hinten
Der Arme, wenn ich sterbe
Mit wem er wohl gehen mag?

Luis singt mir noch viele andere Lieder vor. Er will, dass ich seine Heimat verstehe. Weil er weiß, dass ich nur dann in diesem Land wirklich leben kann, nur dann auch unsere Liebe besteht. Denn Luis ist Argentinier, und die Geschichte und Kultur dieses Landes hat ihn durch und durch geprägt.

Ich fühle mich mit jedem Tag an Luis' Seite mehr in dieses Land und seine Menschen ein. Meine Wurzeln finden ihren Boden.

Habe ich jetzt endlich alles, was ich mir wünsche?

Zumindest habe ich einen Mann, der glücklich ist. Luis möchte unser Ernährer sein. Das ist die Rolle, in der er sich immer gesehen hat, und so will er sie auch für uns.

Er tanzt, und ich warte zu Hause auf ihn. Einmal sogar drei Wochen lang, als er in Japan tourt. Er freut sich wie ein Kind, wenn ich ihm am Flughafen um den Hals falle. Er hat eine Frau, die auf ihn wartet. »Das ist ein wundervolles Gefühl für mich«, schwärmt er. Ich verstehe ihn. Aber passt dieses Leben auch zu mir?

Schon Ende des Jahres 2002 beginnt meine entspannte Stimmung zu kippen. Ich werde unzufrieden. Die Auszeit war gut und wichtig. Mamas Tod und die vielen Jahre zwischen Bühne, Flugzeug und Hotel haben Kraft gekostet. Ich habe die Zäsur gebraucht, um aufzutanken und um Luis dauerhaft nahzukommen. Aber jetzt geht es mir nicht mehr gut damit. Denn eines habe ich nicht: den Tango. Ich bin Tänzerin. Ich habe Deutschland verlassen, um tanzen zu können. Tango ist mehr als nur Broterwerb und Bewegung für mich. Tango und Tanz ist der Rhythmus meiner Seele. Ich werde krank, wenn man mir das entzieht. Ich lebe für den Tango.

Im Frühjahr 2003 bin ich völlig leer und ausgebrannt. Ich fühle mich hundeelend, kraft- und mutlos. So wie es Menschen ergeht, denen man nichts zu essen gibt. Meine Nahrung ist der Tango. Ich kann nicht leben, wenn man mich nicht tanzen lässt. Ich muss mit Luis reden. Wir müssen unser Leben noch einmal überdenken!

*

»So geht es nicht, Luis. Ich habe mich zurückgezogen, damit wir zusammen sein können. Es war ein Versuch. Aber er macht mich nicht froh. Ich will wieder tanzen.«

Es ist eine wunderschöne südamerikanische Sommernacht. Luis ist gerade von seinem Auftritt gekommen. Ich habe gekocht. Jetzt sitzen wir in unserer kuscheligen Küche, trinken ein Glas leckeren Malbec und haben Zeit zum Reden.

Doch ich habe gerade mal vier Sätze gesagt, und schon reagiert Luis ungehalten. Ich habe es geahnt. Ich will ihm weiter erklären, was in mir vorgeht, aber er sagt nur, es gebe nichts, worüber wir reden müssten.

»Wenn du dir einen Partner suchen möchtest, um wieder loszuziehen, dann lass dich nicht aufhalten«, brummt er ungehalten.

Da ist sie wieder, die typische Macho-Art des Argentiniers, bei Luis gepaart mit viel Selbstzweifel, da er sich als Indígena nicht anerkannt fühlt. Eine brisante Mischung, die unsere Beziehung hochexplosiv macht. Zumal ich vergesse, dass in meinem neuen Heimatland andere Verhaltensregeln gelten als in Deutschland.

Einfach zu sagen, was man denkt, ist hier nicht üblich. Unzufriedenheit wird immer als direkte Kritik empfunden. Das gilt im Job, aber erst recht in Beziehungen, besonders in meiner zu Luis.

»Aha, ich genüge dir nicht«, sprüht es mir aus seinen dunklen Augen entgegen. Und sofort kocht Eifersucht in ihm hoch und natürlich auch verletzter Stolz. Luis ist so lange lieb, nett, mir zugewandt, wie alles nach seinen Vorstellungen läuft. Aber wehe, ich äußere den kleinsten Zweifel an unserem Leben. Dann geht er hoch wie eine

Rakete: Ich würde ihn nicht mehr lieben und achten, er genüge mir nicht mehr, an eine kleine Familie sei so gar nicht mehr zu denken. Rums! Es knallt!

Und so rumst es regelmäßig zwischen uns. Denn ich bin als Europäerin gewohnt, Dinge anzusprechen, die mich stören, aber auch die Zügel für mein Leben selbst in die Hand zu nehmen. Ich möchte für mich keinen Lebensentwurf, der nicht zu mir passt, und das muss ich Luis auch sagen können, so lange, bis er es versteht. Ich will wieder tanzen. Deshalb bin ich hierhergekommen. Das ist es, was ich brauche, basta!

Das Ergebnis ist klar. Er tobt. Wie immer, wenn er verletzt ist, wird er laut. Und wenn es um andere Männer geht, die mir zu nahekommen könnten, auch sehr beleidigend. Ich bin an diesem Abend wieder eine schlechte Frau, die nicht das Gemeinsame in den Mittelpunkt des Lebens stellt, sondern egoistisch ihre eigenen Ziele verfolgt. Statt die Familie zu schätzen, bin ich mal wieder nur hinter der Karriere her. Berechnend. Selbstbezogen.

Er flucht jetzt, wie alle Argentinier gern fluchen. Und es kommt, was immer kommt, wenn wir unterschiedlicher Meinung sind: Ich will mit ihm reden, er weist mich ab. Ich argumentiere, er hört nicht zu. Er will seine Kränkung auskosten, sich im Schmerz suhlen. Bis ich dann endlich nachgebe, und alles wieder so läuft, wie er es sich wünscht.

Wir haben jetzt einen richtig heftigen Streit. Und Luis reagiert mit Rückzug, der bei mir wie Liebesentzug ankommt. Aber was soll das? Er weiß, was mir der Tango bedeutet. Wir müssen eine Lösung finden. Aber er sitzt wieder nur wortlos am Tisch. Stolz. Vermutlich könnte er auch Jahre so dasitzen und warten. Dieses störrische Aussitzen liegt ihm im Blut. Er sagt immer: »Mein Hunger ist meiner« – und für niemanden und nichts würde er jetzt seine Würde verlieren und nachgeben.

Aber er hat nicht mit meinem westfälischen Dickkopf gerechnet. Ich lasse das Thema nicht auf sich ruhen. Heute Abend muss er sich dem stellen.

»Ich will wieder tanzen, Luis. Lass uns darüber reden, jetzt!«, appelliere ich.

»Ach so, du willst also mit irgendeinem dahergelaufenen Kerl tanzen?«, schreit er sofort los.

»Du tanzt doch auch mit deiner Frau!«, kontere ich.

»Sie ist die Mutter meines Sohnes!«, entgegnet Luis jetzt.

»Und warum musst du deshalb mit ihr tanzen!?«, hake ich unerbittlich nach.

Wie Feinde sitzen wir uns am Tisch gegenüber. Seine Augen blitzen. Seine Mundwinkel zucken. Die Situation wird immer unberechenbarer. Aber ich lasse nicht locker. Bei diesem Thema kann es keinen Kompromiss mehr geben.

»Mit wem soll sie denn sonst tanzen!«, donnert Luis dann unvermittelt los.

»Ach so, du musst dich also um sie kümmern. Und ich sitze hier, spiele das Hausmütterchen und schäle Zwiebeln. Nicht mit mir!«

»Du musst dich entscheiden«, schreit Luis mich jetzt an.

»Das habe ich!«, schreie ich zurück.

Luis springt daraufhin wütend auf und schnappt sich die Autoschlüssel.

»Wo willst du hin?«, rufe ich ihm nach. Rums! Die Haustür fällt ins Schloß. Ich höre den Motor aufheulen. Luis ist weg.

Und ich? Ich koche vor Wut. Meine Hände zittern. So kann er nicht mit mir umgehen. Niemand auf dieser Welt darf mich so anbrüllen. Ich rufe meine Freundin Natalia an, die mittlerweile als Ärztin in einer Klinik arbeitet.

»Ich muss hier weg. Kann ich zu dir kommen?«, frage ich nach einer kurzen Begrüßung.

Wenig später sitze ich mit einem Koffer im Taxi Richtung Innenstadt. Draußen fliegen die Lichter vorbei. Doch in meinem Herzen herrscht tiefste Dunkelheit. Ich bin starr vor Schmerz. Meine Liebe zu Luis ist stärker denn je, aber unsere Beziehung scheint zerrüttet. Ist meine Liebe zum Tango stärker als die zu Luis? Ich kann nicht leben, wenn ich nicht tanzen darf! Auch Luis kann mir das nicht ersetzen, und er weiß das doch. Aber warum ist nicht beides möglich? Warum hat er mich gezwungen, mich gegen uns als Paar zu entscheiden?

Wie ein Häufchen Elend sitze ich auf Natalias Sofa und schluchze meinen Kummer hinaus.

Natalia versteht mich. Sie lebt mit einem argentinischen Augenarzt zusammen. Sie kann nicht begreifen, warum ich nicht mehr tanzen soll.

»Das kommt davon, wenn man sich mit diesen argentinischen Machos einlässt«, schimpft sie und versucht mich zu trösten. »Lieber ein Ende mit Schrecken …«

Doch beim Wort »Ende« ist es, als ob mir jemand das Herz durchbohrt. Ein Ende meiner Beziehung zu Luis, das kann es nicht geben.

»Vergiss ihn, irgendwo wartet jemand auf dich, der besser zu dir passt!«, rät mir Natalia weiter. Doch ich will all das nicht hören.

Es gibt nichts Besseres als Luis für mich. Ich liebe ihn. Jetzt. Morgen. Für immer.

Es klingelt. Natalia schaut nach, wer so spät noch etwas von ihr will. Nachdem sie wieder zurück ist, sieht sie erst aus dem Fenster, dann ängstlich zu mir.

»Luis ist draußen. Was soll ich tun?«, fragt sie unsicher.

»Luis ist draußen!«, wiederhole ich und strahle sofort über das ganze Gesicht.

In wenigen Sätzen bin ich an der Wohnungstür und renne durchs Treppenhaus hinunter zur Haustür. Als ich sie aufreiße und Luis sehe, hält mich nichts mehr. Wie von einem Magneten angezogen laufe ich auf ihn zu, und wir fallen uns in die Arme.

»Ich liebe dich mehr als mein eigenes Leben«, flüstert mir Luis ins Ohr, und ich nehme mir fest vor, es nie wieder auf einen Streit mit ihm ankommen zu lassen. Luis ist die Liebe meines Lebens. Ich will nicht noch einmal auch nur eine Minute ohne ihn sein.

Er holt mich zurück nach Hause. Ich werde ihn nie wieder in diesem Leben verlassen.

Später sitzen wir bei uns am großen Esstisch, Luis kocht sich einen Mate-Tee und bietet mir einen Becher an. Ich bessere sein Kostüm aus und bin voller Zuversicht. Jetzt können wir endlich miteinander reden!

»Und mit wem, bitte schön, möchtest du tanzen?«, fragt er plötzlich in die Stille und poltert auch nicht gleich wieder los. »Mit irgendwem? Wir haben einen Ruf zu verlieren, da kannst du doch nicht mit dem ersten Hanswurst auf die Bühne gehen. Hab doch wenigstens Geduld.«

Mein Luis, er wird mich nicht wieder so aus der Reserve locken. Ich weiß jetzt, dass er genau weiß, was mir wichtig ist und längst nach einer Lösung für unser Problem sucht. Das ist immer der Schlusspunkt unter seine Verstimmung. Aber es gibt nur einen Weg: Wenn Luis mich nicht mit einem anderen Mann tanzen lässt, gibt es nur eine Möglichkeit. Und ich kenne sie längst. Jetzt aber präsentiert sie mir Luis von sich aus, und damit ist es für ihn gut. Ich habe die Lektion gelernt.

»Ich wollte es dir schon lange sagen. Norma und ich hören Ende des Jahres auf. Sie möchte sich mit einem Yoga-Studio selbstständig machen. Also könnten doch eigentlich *wir* zusammen tanzen!«

Ich strahle innerlich, vermeide es aber, meine Freude zu zeigen, und lasse ihm den Triumph. Das ist auch etwas, das ich an Luis' Seite gelernt habe. Ein Argentinier ist stolz. Man muss ihm immer das Gefühl geben, alles frei entscheiden zu können. Wenn man ihn in die Ecke drängt, beißt er um sich wie ein Raubtier. Das habe ich ja gerade erst erlebt. Also lasse ich ihn jetzt zufrieden. Es ist alles gesagt. Ich weiß, er wird sich um alles kümmern. In dieser Nacht träume ich davon, dass wir als altes Ehepaar, grauhaarig, vor einem kleinen Haus sitzen und uns an den Händen halten.

Am nächsten Morgen liegt ein Brief auf meinem Teller. Luis hat ihn geschrieben:

»Hola, amor – Guten Morgen, Liebling,

es ist viel Zeit vergangen seither, ich habe es dir schon einmal gesagt, aber ich denke, du erinnerst dich nicht.

Immer habe ich, angesichts all der Künstler, die dich kritisierten, weil du Deutsche bist, einen Ausweg gesucht – und dies stets als Herausforderung gesehen.

Ich möchte dich tanzen sehen
Als Bühne die Erde
Ich möchte, dass du alles umfasst
Distanz, Zeit, Schönheit
Deine Schritte erleuchtet
Gebadet im Sternenmeer.

Pinsel aus Sonne und Wasser
Wellen des neuen Tages
Manchmal mit Blut und Feuer
Bleibt in deinen Leinwänden dein Leben
Das Genie des Handwerkers
In voranschreitender Einsamkeit
Universeller Künstler
Lichtbrücke und Friedensvogel
Eine magische Sicht
Wirst du uns in aller Bescheidenheit geben
Vielleicht war es der Wind
Der erste neugeborene Musiker
Der in den hohlen Bambusrohren erklang
Und zwischen den Blättern eines Baumes
Und es ist das Herz eines Menschen
Das dieses Wunder harmonisiert
Ich wollte in diesen Traum eindringen
Der Poeten, die reisen
In den Schiffen des Geheimnisses
In die Welt der Worte

Das beste Gedicht mitnehmend
In die Stille der Seelen.
(Peteco Carabajal)

Die Schauspieler sind wie Wellen, sie kommen von den fernsten Orten.

Sie erheben sich in große Höhen und verlieren sich im Vergessen … für immer.

Nicole, das hat mich bewegt, schon bevor ich dich geliebt habe. Und als du mir dein Ja gegeben hast, verstand ich, was dies für dich bedeutet.

Man kann ein guter oder ein schlechter Künstler sein, aber ein universeller Künstler zu sein, das schaffen nur sehr wenige. Du hast es geschafft, und vielleicht habe ich ein wenig dazu beigetragen, damit dies geschehen kann, aber jedes Wort dieses Gedichtes hat mit dir und mit mir zu tun. Das wusste ich, als wir zusammenlebten.

Meinen großen Respekt und meine immerwährende Liebe für dich!

Luis«

KAPITEL 10

»Gib Nicole mal das Brot«, ruft Selva und lässt sich ein dünnes Holzbrett mit aufeinandergelegten Fladenbroten herüberreichen. »Hier Nicole, iss etwas. Du bist so dünn!«

Mario legt mir ein Stück knusprig gebratenes Hühnerbein dazu. Chochi schenkt Rotwein ein.

Ich sitze mit Luis' Familie an einem langen Holztisch, und wir essen unter freiem Himmel. Neben der strohüberdachten Galerie des einfachen Lehmhauses flackert ein Feuer. Aus einem kleinen Kofferradio singt Peteco Carabajal sein berühmtes *Las manos de mi madre* (Die Hände meiner Mutter).

Wir befinden uns 30 Kilometer südlich der Provinzstadt Santiago, gut 1000 Kilometer von Buenos Aires entfernt.

Es ist der August 2003, und hinter uns liegen 13 Stunden Fahrt über teils staubige, ungeteerte Pisten.

Santiago liegt im tropisch heißen Norden Argentinies. Hier werden die höchsten Temperaturen Südamerikas gemessen. Der Boden ist trocken, aber es wachsen Algarrobos, Quebrachos, Chañar und baumhohe Kakteen. Dazwischen gedeiht struppiges, karges Gras, auf dem Ziegen, Esel und ab und zu ein paar magere Kühe weiden. Hier und da zupfen sie etwas aus dem Gebüsch.

Es ist eine der ärmsten Gegenden Argentiniens. Hier gibt es keine Dörfer, nur Parajes, so nennt man verstreute Ansammlungen einzelner Hütten.

Luis kommt aus El Porvenir. Das Areal umfasst 15 Hütten und vier Wasserlöcher, die sich 82 Einwohner teilen. Es gibt keine sanitären Anlagen. Die Menschen leben von etwas Landwirtschaft. Die Frauen machen Käse aus Ziegenmilch, zerstoßen die winzig kleinen süßen Früchte des Mistol zu Mehl, spinnen Wolle oder weben Decken, die sie auf Märkten verkaufen. Die Männer verdienen sich unregelmäßig etwas als Erntehelfer auf den großen Baumwollplantagen, als Holzfäller im Buschwald oder als Kohlebrenner an den Lehmöfen und als Helfer in den Salzwüsten. Wer feste Arbeit sucht, muss in die Städte gehen. So wie Luis' Eltern, die nach Buenos Aires gezogen sind. Der Vater hat 13 Geschwister, die Mutter 11. Viele dieser Geschwister sind den Eltern von Luis gefolgt. Ein Onkel lebt mit seiner Familie in Florencia Varela, vier andere in Quilmes, so wie wir. Der Rest der Familie ist in Santiago geblieben und lebt heute noch so wie die Eltern und Großeltern auch.

Luis hat immer viel von seiner Familie erzählt. Er besucht sie alle zwei, drei Jahre. Dieses Mal haben wir die Fahrt dorthin mit dem Kauf neuer Bombos, dieser wunderbar klangvollen großen Trommeln, für seine Auftritte verbunden. Luis trommelt seine geliebte Chacarera auf den echten Bombos, die aus dem Baumstamm des Ceibo gemacht werden. Bevor Bombos zum Musizieren eingesetzt wurden, hatten sie eine ganz andere Bedeutung: Sie wurden benutzt, um von Paraje zu Paraje, von Ort zu Ort, zu trommeln. Je breiter der Durchmesser, desto weiter reichte der Klang. Eine »bombo leguero« ist ein ganz großer Bombo und klingt eine Meile – eine legua – weit. Ein kleiner Bombo reicht nur eine halbe Meile weit und wird deshalb »medio bombo leguero« genannt.

Getrommelt wurde traditionell, um ein Fest anzukündigen: Geburt, Hochzeit, Taufe, Geburtstag oder einfach nur ein Tanzfest. Aber es wurde auch getrommelt, wenn Gefahr drohte, es einen Toten gab oder ein Tier geschlachtet wurde.

Der große Bombo ist rund acht Kilo schwer. Ein ganzes Stück Stamm wird dafür in aufwändiger Handarbeit sorgfältig ausgehöhlt und mit Ziegenfell bespannt. Bombos haben den Klang, den Luis als »Echo des Buschwaldes« beschreibt.

Wir machten auf der Reise Halt bei Churo Castillo, einem traditionellen Bombo-Bauer, der in Forrest bei Villa Robles die traditionellen Instrumente baut.

Zwei Stunden saß Luis in dessen Patio und suchte sich seine Bombos aus.

»Es sind Schätze der Natur«, sagte er und streichelte mit einer Hand fast liebevoll die Wand eines Bombos. »Hier klingt der Baum weiter«, erklärte er mir, und dann klopften seine Finger gegen das Fell, »und hier lebt das Tier weiter.«

Luis saß vor der Werkstatt unter dem Strohdach der einfachen Lehmbaracke und spielte abwechselnd auf allen Bombos, die da waren. Mit geschlossenen Augen legte er sie auf den Schoß, umarmte sie mit dem linken Arm, beugte sich tief darüber, sodass sein Brustkorb die Schwingung spüren konnte und sein Gesicht fast am Fell lag.

Seltsam entrückt saß Luis so im Schatten, nahm abwechselnd die verschiedenen Bombos hoch und erspürte ihren Klang, indem er im wechselnden Rhythmus auf die gespannte Lederhaut schlug. Es war ein schönes Bild, und es herrschte eine wundervolle Stimmung. Die Blätter des Baumes raschelten im warmen Sommerwind, in der Ferne blökten zwei Ziegen, und der Hund des Bombo-Bauern bellte müde und kroch in den Schatten. Die Hühner breiteten vor lauter Hitze ihre Flügel aus. Siesta-Ruhe. Zum ersten Mal fühlte ich Argentinien.

»Ein Instrument kauft man nicht, man erwählt es«, sagte Luis später und entschied sich für zwei Bombos, jeder in liebevoller Kleinarbeit handgeschnitzt, jeder ein Unikat.

Als wir anschließend die letzten 60 Kilometer Richtung Santiago fuhren, war ich ganz still. So ursprünglich hatte ich Argentinien noch nie erlebt. Es ist etwas ganz anderes, als wenn man im Flugzeug nach Cordoba, Salta oder Mendoza fliegt, dort mit dem Taxi ins Theater fährt, einen Auftritt hat und nach dem letzten Applaus wieder Richtung Buenos Aires düst. Ich erlebte auf dieser Reise zum ersten Mal das Land auf vier Rädern, atmete den Staub der Pampa, sah die harten, ledrig gegerbten Gesichter der Indígenas, die am Straßenrand für ein paar Pesos ihre Ernte, im Wald ausgerissene Kräuter, verkauften. Ich fuhr vorbei an ärmlichen Behausungen und sah in der Ferne die üppig umzäunten Estancias der Großgrundbesitzer mit ihren großzügigen Pferdekoppeln am Horizont und den Flugpisten daneben. Argentinien ist ein Land der Gegensätze, unheimlich reich und unfassbar arm zugleich.

Als wir bei Luis' Familie ankommen, erlebe ich, wie es sich anfühlt, unfassbar arm zu sein. Es gibt nichts, was mich an mein Leben in Buenos Aires erinnert. Das Haus seines Onkels ist aus Lehm gebaut und hat einen Sandboden. Das Wasser wird aus einem Brunnen geholt. Die Toilette ist ein Bretterverschlag hinter dem Haus. Ein paar Hühner laufen herum. Ein Schwein liegt im trockenen Schlammloch, versucht sich vergeblich darin zu suhlen.

Als wir vorfahren, umlagern innerhalb weniger Minuten an die 20 Menschen unser Auto. Wir werden geherzt und geküsst, gestreichelt und umarmt. Der Tisch wird gedeckt, Wasser geholt, Teig für das Fladenbrot geknetet. Mehl, Wasser und eine Handvoll Fett. Den Rindertalg, so kann ich sehen, bewahren sie in einer Dose in der Zimmerecke auf. Einen Kühlschrank gibt es nicht. Viele Hände zaubern Essbares auf den Tisch. Ein Pferd trottet um die Ecke. Es wird von Luis' Cousin Sergio geführt. Er bringt das Huhn mit zum Grillen.

Ich habe einen Korb mit wertvollen Macadamia-Nüssen dabei, mein Gastgeschenk. Doch bevor ich es überreichen kann, nimmt Luis mich zur Seite.

»Stell den Korb bitte wieder ins Auto. Nüsse können sie nicht beißen. Die meisten in meiner Familie haben keine Zähne.«

Rasch stelle ich das Körbchen wieder zurück in den Kofferraum. Ich schäme mich.

Luis spricht jetzt noch leiser. Ganz behutsam fragt er mich: »Ich schlafe normalerweise bei meinem Onkel Mario. Was machen wir? Willst du lieber in ein Hotel?«

Etwas unsicher steht er vor mir. Er weiß nicht, wie ich auf diese vielen neuen Eindrücke reagiere. Es ist eine für mich völlig fremde Welt. Ich bin Europäerin. Niemand lebt so bei uns. Aber es ist Luis' Zuhause und damit jetzt auch meines.

»Ich bleibe gern hier«, sage ich lächelnd, und leise füge ich hinzu: »Wenn ich darf!«

Luis strahlt, drückt meine Hand. Später flüstert er mir zu: »Ich hatte Angst. Ich war mir nicht sicher, ob du mit diesem Leben zurechtkommst.«

Ich komme wunderbar damit zurecht.

Und so sitzen wir bis spät in der Nacht vor dem Haus von Tía Martina, essen schmackhafte Leckereien, trinken Rotwein und Wasser. Die Kinder kauen fasziniert auf Eiswürfeln herum. Eis, das ist etwas, das sie bis zu unserem Besuch gar nicht kannten. Luis hatte es noch schnell in der Stadt gekauft, um die Getränke zu kühlen. Ich frage, wie Luis als Kind war, und Tía Rafaela erzählt, dass er immer gern Musik gemacht hat. Entweder hat er mit Holzstäbchen gegen Blechdosen getrommelt, mit den Füßen auf den Boden geklopft oder mit den Fingern gegen die Tischplatte. »Er hat uns zum Wahnsinn getrieben«, lacht sie laut.

Tía Martina weiß auch davon: »Am liebsten hat er den ganzen Tag Radio hören wollen. Und dann hat er als kleiner Knirps immer mitgesummt, sich nach dem Rhythmus gedreht, und seine Oma hat immer gesagt: ›Du wirst mal ein großer Tänzer.‹«

Und Luis' Mutter hat ihm angeblich immer das Radio eingeschaltet, damit er einschläft.

Ich muss jetzt schmunzeln.

»Das macht Luis heute noch«, unterbreche ich sie. »Er schläft immer noch mit dem Radio ein.«

Bei diesen Worten holt sein Tío Beco eine kleine Plastikbox aus dem Haus. Beco ist 72 Jahre alt und damit der Älteste der Sippe. Er zeigt ein Bild von Luis als Kind. Es war damals nicht üblich, Fotos zu besitzen, und die kleine Schwarz-Weiß-Aufnahme ist der ganze Stolz der Familie. Man sieht den Knirps in kurzer Hose und Hemd vor dem Haus. Der kleine Luis, der mit fünf Jahren als Tänzer die Welt eroberte, genauso wie es die weise Oma vorausgesagt hat.

Später erzählen sie mir von Wahrsagern und den Heilern, von den Umbanda-Sekten und dem Teufel. Ich weiß, dass Argentinien katholisch ist, aber mir wird nun klar, dass es auch noch reichlich heidnische Bräuche gibt. Tía Martina beugt sich geheimnisvoll zu mir und erzählt, dass der Nachbar ihr erst kürzlich böse Geister geschickt habe. »Also, du kannst ja die anderen fragen, es gibt Hexen, kein Zweifel.« Und dann dreht sie sich vielsagend in die Runde und fragt: »Erinnert ihr euch noch an José?«

Nun reden alle ganz aufgeregt durcheinander. »Oh, Tío José. Der Arme. Der wollte doch Bandoneon spielen. Ja, der hat einen Pakt mit dem Teufel geschlossen.«

»Ja, hat er, und am nächsten Tag konnte er spielen«, wirft Beco jetzt ein.

»Wie, einfach so?« Ich schaue Luis ungläubig an. Der bleibt stumm.

Und Tía Martina erzählt weiter, leise, geheimnisvoll, mit zischender Stimme.

»Es ist kein Witz, Nicole. Er konnte plötzlich wunderbar spielen. Wir haben es alle gehört. Aber dann wurde er krank. Schlimm krank. Und erst, als er einen Priester aufgesucht und um Vergebung gebeten hat, ging es wieder bergauf mit ihm. Doch dann, er arbeitete damals bei einem Tischler, hat ihm ein Sägeblatt zwei Finger abgeschnitten. Da war es aus mit dem Bandoneonspiel. Aus mit dem Pakt.«

Tía Martina bekreuzigt sich jetzt ganz schnell.

»Qué en Dios descanse.« – Ja, mit dem Teufel soll man sich nicht anlegen.

Später frage ich Luis, warum die Leute so etwas erzählen, von Teufelspakten und Rache, von Verschwörung und Vergebung. Und Luis erklärt mir: »Wenn du dich hier umschaust, dann haben die Menschen nicht wirklich Hilfe zu erwarten und schweben ständig zwischen Leben und Tod. Wenn es dann keinen Priester gibt, keinen Arzt, kein heiliges Wort, das sie retten könnte, dann nehmen sie den Weg, der ihnen bleibt: den Pakt mit schwarzen dunklen Mächten. Für Gesundheit und Liebe, aber auch für Reichtum, Berühmtheit und Macht. Wie Peteco Carabajal das besingt.«

Luis stimmt die ersten Töne an, und ja, ich erinnere mich. Das Lied hatten wir oft gehört. Ich verstehe einmal mehr: Folklore ist in Argentinien allgegenwärtig.

Ich höre aufmerksam zu und kann kaum glauben, was ich in den letzten Stunden erlebt habe. Nie hätte ich gedacht, dass es das alles wirklich gibt, im 21. Jahrhundert, gerade mal 13 Autostunden von Buenos Aires entfernt und eine Stunde von Santiago, wo man amerikanische Fastfood-Ketten genauso findet wie Luxus-Hotels und Internet-Cafés.

Wir bleiben zwei Nächte bei Luis' Familie, und ich fühle mich wohl. Cousine Selva und ihr Mann Mario überlassen uns ihr Bett. Wir schlafen auf einer Holzpritsche ohne Matratze, aber mit dem Kopfkissen von Cousine Marieta.

Als wir nach Hause fahren, bin ich komplett erschöpft. Diese sengende Hitze ist eine Qual. Tagsüber sind es 46 Grad im Schatten. Das Leben hier ist unfassbar anstrengend. Mir fehlt eine heiße Dusche, ein eisgekühltes Getränk. Die Menschen haben beides hier nie. Ich bin still.

»Sie mögen dich sehr«, sagt Luis und nimmt beim Fahren meine Hand.

»Ich mag sie auch«, antworte ich. »Sie sind so würdevoll. So herzlich. So dankbar und bescheiden. Trotz allem. Es ist eine ganz andere Welt, und ich habe so viel gelernt.«

Luis sieht mich fragend an.

»Was denn?«

»Wie hart das Leben sein kann. Es geht nicht wie bei uns in Buenos Aires um Engagements und Verträge, um den Ärger über eine lange Busfahrt oder Streit, weil man so lange für ein Papier anstehen muss. Bei deiner Familie geht es ums Überleben, Tag für Tag, Stunde für Stunde. Es sind starke Menschen. Die Natur hat sie dazu gemacht. Aber ich frage mich auch, was sie mit ihren Gedanken machen. Tagein. Tagaus.«

Und dann sehe ich Luis von der Seite an.

»Und weißt du, Luis, erst jetzt verstehe ich, wie schwer es für dich sein muss, ein ganz anderes Leben in Buenos Aires und dem Rest der Welt zu führen. Ein Leben, in dem andere Werte, Rituale und Bräuche das Verhalten bestimmen. Du musstest alles neu lernen, ohne das Alte zu vergessen. Ich bewundere, dass du das Tag für Tag aufs Neue schaffst.«

*

Luis spricht wieder einmal nicht mit mir. Seit zwei Tagen herrscht neuerlich dicke Luft bei uns. Dieses Mal geht es um unser unterschiedliches Verständnis von Familienleben.

In Südamerika lebt man in Clans. Aber es geht dabei nicht um unser Ideal von »Einer für alle und alle für einen«. Nein, es gibt ein Familienoberhaupt, und das trägt die Verantwortung für alles und jeden. Luis sieht sich als Clan-Chef und macht, was alle von ihm erwarten. Am meisten ärgert mich Norma, denn sie ist nicht mehr seine Frau, beansprucht ihn aber, als wäre er noch Teil ihrer Familie. Gut, es ist selbstverständlich, dass sich Luis trotz Scheidung weiter um seinen Sohn kümmert und ihn unterstützt. Aber dass er sofort vom Stuhl aufspringt und zum Auto sprintet, wenn sie anruft, das geht mir zu weit. Ständig klingelt das Telefon. Norma kann Nazareno nicht von der Schule abholen, sie hat keine Ahnung, wie sie zum Arzt kommen soll, und der Gartenzaun ist zu niedrig und muss erneuert werden. Luis soll all das regeln. Seine Tante bejammert, dass die Patenkinder in der Schule nicht lernen und erwartet, dass Luis mit ihnen spricht. Sein Cousin hat sich geprügelt und erwartet, dass Luis ihn abholt. Sein Vater muss heute zum Arzt und erwartet, dass Luis ihn fährt. Und zwischendurch ruft wieder Norma an, bei der alle Gespräche mit dem Satz beginnen: »Luis, ich will ja nicht stören, aber ...!«

Einer ruft, und Luis macht. Denn er ist ja das Familienoberhaupt und wird es schon richten. So denken alle: der Vater und der Bruder mit Frau und zwei Kindern. Der Onkel und die Patenkinder. Die Ex-Frau und deren Mutter, ihr Bruder und deren Verwandte und noch viele mehr. Wenn sie ein Problem haben, rufen sie Luis. Der wird es schon richten.

Bei meinem Besuch in Santiago habe ich gesehen, wie wichtig die Familie in Südamerika ist. Ich verstehe das. Aber in Luis' Fall habe ich das Gefühl, dass sich ein ganzer Clan auf zwei Schultern ausruht.

Und es geht immer um Geld. Luis hat früh viel verdient, und das meiste Geld nie zu Gesicht bekommen. Seine Mutter hat es erhalten und unter allen Familienmitgliedern aufgeteilt. Später, als Luis erwachsen war, hat er ihr weiter Geld zugesteckt und natürlich allen anderen auch. Aber so kann das alles nicht weitergehen.

Es hat sich einiges verändert. Luis hat viel Geld verloren. Er muss jetzt erst langsam wieder auf die Füße kommen und dabei zuallererst an seine und jetzt auch an unsere Zukunft denken. Die Zeiten sind wirtschaftlich schwer geworden. Luis muss rackern, um wieder ein gutes Einkommen zu haben. Aber was er verdient, kann nicht für alle reichen.

Ich habe genug davon, dass sich so viele Menschen ausruhen und einer bis an die Grenzen der Belastbarkeit für alle schuftet. Aber ich hätte Luis nicht reinreden dürfen. Sätze wie: »Denk doch auch mal an dich und nicht nur immer an die anderen« oder: »Du kannst nicht für alle sorgen« versteht er nicht. Aber er weiß, dass die Situation so unhaltbar ist, und lässt seinen Unmut an mir aus.

Er reagiert auf die Spannungen mit dem üblichen Liebesentzug. Natürlich tut mir das weh. Ich weiß jedoch, dass ich ihn zu mir zurückkommen lassen muss. Diskussionen bringen jetzt nichts. Streitereien erst recht nicht. Das Einzige, was hilft, ist, ihm Zeit zu geben. Er braucht Zeit, um seinen Groll und sein Unverständnis gegenüber meiner Haltung und meinen Äußerungen zu verarbeiten und um die Probleme neu anzugehen.

Ich versuche also, mit seiner Ablehnung zurechtzukommen, zumindest nach außen. Dass meine Seele brennt, muss er nicht sehen. Aber auch ich habe mich in dieser Beziehung zu ändern. Ich kann einem Argentinier aus dem Landesinnern nicht ausreden, Verantwortung zu übernehmen. Das wäre sinnlos. Aber ich muss andere Wege gehen. Ich begreife, dass wir in diesem Clan nur überleben, wenn ich zukünftig mit dem Geld haushalte.

Zwei Tage später reicht er mir seinen Mate-Becher. Ich verstehe, was er mir damit sagen will …

*

Unsere Wohnung ist ein Lichtermeer. Ich habe unzählige Kerzen aufgestellt. Sie flackern ruhig und tauchen unser Wohnzimmer in ein warmes Licht. Es ist Weihnachten 2003, und das Fest hat hier nicht viel mit der deutschen Weihnacht gemein. Es ist bunter, heiterer, und es wird bis in die frühen Morgenstunden gefeiert. Die Menschen gehen in die Kirchen, es wird laut und ausgelassen gesungen. Anschließend wird gefeiert. Es ist ja brütend heiß, und das Leben spielt sich draußen ab. Die Gärten sind hell beleuchtet. Die Familien machen ihre Asados, singen, spielen auf ihren Instrumente, tanzen. Um Mitternacht gibt es ein prächtiges Feuerwerk.

Für uns beginnt in einer halben Stunde die Messe. Ich ziehe mich schnell um und stehe wenig später in einem weißen, mit großen roten Rosen bestickten Kostüm, schicken Sandaletten und passender Tasche vor Luis.

»Wir können gehen, Schatz!«, strahle ich Luis an. Doch der bewegt sich plötzlich nicht mehr von der Stelle.

»Was ist? Wir müssen los! Die Messe beginnt gleich«, dränge ich und öffne die Haustür. Luis stürmt an mir vorbei zum Auto. Als ich einsteige, sehe ich sofort, dass wieder etwas los ist. Er zittert vor Anspannung.

»Liebling, was ist?«, frage ich vorsichtig.

Luis will nicht reden. Wie immer, wenn ihm etwas nicht passt.

Schweigend fahren wir zur Kirche. Es ist 22 Uhr, und der Himmel dunkelblau. Das schlichte Betongebäude ist mit kunterbunten Lämpchen geschmückt. Ein Gitarrist spielt das Lied *Hosanna*, ein Sänger singt später *Venga a comer* (Komm zum Essen). Die Menschen strömen von allen Seiten auf die Kirche zu. Eingehakt gehen Luis und ich in die Messe. Äußerlich ein Paar. Doch ich spüre, dass Luis innerlich ganz weit weg von mir ist.

Auf dem Heimweg macht Luis seinem Herzen Luft. Kaum sitzen wir wieder im Auto, poltert er schon los: »Du hast mich bloßgestellt, blamiert, es war einfach nur peinlich!«

Und dann zischt er weiter: »Wie konntest du dich so herausputzen? Dir fehlt jedes Gespür für das Leben hier!«

Ich habe zwischenzeitlich gelernt, in solchen Situationen ganz ruhig zu bleiben. Behutsam frage ich: »Was ist denn falsch daran, dass ich mich für die Messe schön mache?«

Luis wird jetzt ganz still. Stumm fährt er den Wagen nach Hause, und als er den Motor abstellt, dreht er sich zu mir, nimmt meine Hand. Er küsst meine Finger und meint, jetzt tieftraurig: »Verzeih, meine Nicole. Ich war so dumm, so verbohrt. Ich habe mich geärgert, dass du so wenig Rücksicht auf die armen Menschen in der Kirche genommen hast. Du bist wunderschön angezogen. Aber das ist es ja gerade. Die Menschen hier können sich nicht so teure Kleidung leisten wie du, und mit diesem Aufzug beschämst du sie in ihrer Einfachheit. Und das ausgerechnet in der Kirche, in der die Menschen alle gleich sein sollten. An dem schönsten Fest des Jahres, an Weihnachten. Aber du hast recht. Du machst dich schön für Gott. Was kann daran falsch sein?«

In dieser Nacht lassen wir uns nicht mehr los. Wir sitzen im Garten bei Freunden. Luis hat plötzlich eine Gitarre in der Hand. Und dann spielt er für mich ein deutsches Weihnachtslied, *Süßer die Glocken nie klingen*. Ich singe den Text, unsere Freunde summen mit. Für ein paar Minuten ist Deutchland ganz nah. Ich sehe unser Wohnzimmer in Düseldorf. Mama hat den Gänsebraten auf den Tisch gestellt. Papa zündet die Kerzen am Baum an. Auf dem Plattenspieler laufen Weihnachtslieder von Mahalia Jackson.

»Woher kennst du das Lied?«, will ich überrascht wissen.

»Dein Vater hat mir eine Platte geschickt. Ich habe

es geübt, damit du ein bisschen deutsche Weihnachten hast.«

Wie sehr liebe ich diesen Mann! Aber meine Gefühle fahren Achterbahn. Es ist ein ständiges Auf und Ab. Familie, Eifersucht, verschiedene Kulturen – es ist nicht leicht, Luis zu lieben.

KAPITEL 11

Es tut so unfassbar weh. Der stechende Schmerz droht mich innerlich zu zerreißen. Es ist der 24. Mai 2009, und ich liege in meinem Schlafzimmer im Bett. Es ist schon spät. Draußen ist es stockdunkel. Aber das Licht der Gartenlampe taucht mein Zimmer in mild-gelbes Licht. Seit zwei Stunden habe ich immer stärker werdende krampfartige Schmerzen. Wenn mich die Welle durchbohrt, halte ich den Atem an, schließe die Augen und hoffe, dass ich es durchstehe. Meine Hände zerknüllen das Betttuch. Schweiß läuft mir über die Stirn und verbindet sich auf meiner Wange mit den Tränen. Warum muss es so weh tun, ein Kind auf die Welt zu bringen?

Ich möchte meinen Schmerz hinausschreien. Aber Luis ist nebenan. Er betet für uns. Ich will ihn nicht noch mehr beunruhigen. Also beiße ich mir auf die Lippen und ersticke den Schrei. Ich schmecke Blut. Lieber Gott, warum prüfst du mich so?

Ich habe mir immer ein Kind gewünscht. Ach was, viele Kinder. Aber ich wollte sie nicht von irgendeinem Mann. Wenn zwei Menschen sich lieben, werden sie eins in einem Menschen. Es ist der größte Liebesbeweis.

Schon 2003 haben wir uns ganz bewusst für ein Kind entschieden. Ich erinnere mich noch genau, wie alles begann:

«Gratuliere, Sie sind schwanger!«, sagte mir der Arzt in Düsseldorf. Es war Juli, und ich war mit Luis auf Tournee in Deutschland. Seit ein paar Tagen hatte ich mich irgendwie komisch gefühlt. Meine Brüste spannten, mein Bauch war geschwollen. Ich hatte gehofft, dass ich schwanger wäre. Und dann die schöne Nachricht! Ich war so froh. Ich hatte doch nicht ahnen können, dass es so schnell klappen würde. Ich war 40 Jahre alt, sehr schlank und durch das ständige Tanzen körperlich sehr angestrengt.

Seit Februar hatten Luis und ich schon eifrig miteinander trainiert, um als Paar erfolgreich auf der Bühne stehen zu können. Abends hatte er noch seine Auftritte mit Norma. Tagsüber mussten wir sechs, sieben Stunden am Tag miteinander üben. Besonders in der Folklore hatte ich viel aufzuholen. Bombos trommeln, Cajas schlagen, Castagnettas schnipsen. Es war harte Arbeit für mich.

Und wir mussten uns Gedanken machen, wie unser beruflicher Start als Tanzpaar aussehen könnte. Am leichtesten wäre es für uns in Deutschland. Deshalb habe ich zum gemeinsamen Karriere-Start Show- und Unterrichtstermine in Deutschland organisiert.

Was kam, war eine tolle, aber auch schwierige Zeit. Wir hatten beide schon eine Karriere mit anderen Partnern hinter uns und mussten uns beruflich in Tanz und Organisation erst aufeinander einstellen. Die Schwangerschaft kam dann noch überraschend hinzu. Alles war sowieso schon neu. Nun sollten wir auch noch Vater und Mutter sein. Wir waren zwar total glücklich, hatten aber auch Sorge, ob wir unsere Termine halten könnten. Was wäre, wenn ich mich nicht mehr wohlfühlte? Hielte ich es schwanger durch, jeden Tag viele Stunden auf den Beinen zu sein?

Aber es klappte alles wunderbar. Wir hatten Auftritte in ganz Deutschland und schafften spielend eine Unterrichtswoche in der Toskana. Luis war ständig besorgt. Aber ich fühlte mich großartig und sah auch so aus. Meine Haut war rosig, mein Körper irgendwie prall. Ich konnte spüren, dass die Hormone gerade Höchstleistungen vollbrachten. Ich würde bald Mutter sein!

Zu Luis' Geburtstag am 9. Juli 2003 hielten wir uns in Florenz auf, und ich habe ihm eine Karte auf den Frühstückstisch gelegt:

»Lieber Papa, erstmals dürfen wir dir zu deinem Geburtstag gratulieren, deine Nicole zusammen mit unserem Kind ...«

Abends legte mir Luis als Dankeschön einen Brief auf das Kopfkissen:

»Meine liebe Nicoleta,

ich wünsche mir, dass unser Kind die Hautfarbe eines Weizenfeldes hat, das Blut vermischt in einem Wunder von Nicoles und Luis' Kind.

Das werde ich singen, wenn unser Kind geboren wird:

En mi tierra natal
(In meinem Heimatland)
abrazaos por el sol
(umarmt von der Sonne),
nuestros corazones fueron
(gingen unsere Herzen)
al umbral del amor
(zur Schwelle der Liebe)
(...)

Nuestros corazones vieron
(Unsere Herzen sahen)
la semilla de Dios
(den Samen Gottes)
de donde viene ese sueño
(woher mag dieser Traum kommen)
y hacia donde irá
(und wohin mag er gehen)
tu vientre de agua y arcilla
(dein Bauch aus Wasser und Ton)
le dio libertad
(gab ihm die Freiheit)
(…)
Tus ojos guardan el beso
(Deine Augen bewahren den Kuss)
memoria de amor
(die Erinnerung der Liebe) …

Dies möchte ich euch beiden sagen, dir, meiner Frau, und meinem Kind.«

*

Eine Woche später, Luis und ich gaben gerade Unterricht in Essen, fühlte ich mich plötzlich anders. Das Hochgefühl war weg.

»Etwas hat sich verändert«, sagte ich zu Luis und war noch ganz arglos, lachte sogar. »Endlich ist mir nicht mehr übel.«

Er zog mich an sich, streichelte mir den Bauch. Die Wärme seiner Hand durchströmte mich.

»Das Baby hat sein Nest fertig gebaut. Deshalb stört es dich nicht mehr. Das ist wunderschön!«

Wir standen noch lange so, eng umschlungen, und Luis wiegte mich hin und her. Er summte ein argentinisches Kinderlied, so als wollte er sein Kind in den Schlaf wiegen und singen. Wir standen beide da, mit geschlossenen Augen. Aber plötzlich kullerten mir Tränen über die Wangen. Irgendetwas in mir sagte mir, das unser Wiegenlied in Wirklichkeit ein Todeslied war.

»Ich finde die Schwangerschaft nicht«, sagte mein Arzt noch am selben Abend. Er blickte angespannt und fuhr mir langsam mit dem Ultarschallstab über den Bauch. Mein Herz raste wie verrückt. Nein, nein, so viel Grauen konnte es nicht geben, schoss es mir durch den Kopf. Ich griff seine freie Hand, so als wollte ich an ihn appellieren, noch genauer zu suchen.

Aber er stellte das Gerät ab.

»Es gibt keinen Herzschlag mehr. Es tut mir sehr leid. Ich lasse Sie jetzt allein.«

Unser Kind war tot. Luis und ich waren steif vor Schmerz. Wir sagten kein Wort, hielten nur unsere Hände und starrten zum Fenster hinaus.

Silvan, unser Silvan war tot! Irgendwie hatten wir gewusst, dass es ein Junge war und ihm schon seinen Namen gegeben.

Wenig später kam ich in die Klinik, weil eine Ausschabung vorgenommen werden musste. Luis stand neben mir im Krankenzimmer und lief immer wieder unruhig hin und her. Er fühlte sich so nutzlos: Er sprach kein Deutsch und konnte nicht mal die Ärzte fragen, wie es mir ging. Sie schickten ihn schließlich nach Hause, und ich blieb alleine im Krankenhaus zurück. Es muss für ihn im Moment viel schlimmer sein als für mich, dachte ich noch, dann sank ich in die Narkose ...

Die Zeit danach war sehr schwer für uns. Wir verhielten uns plötzlich sehr distanziert zueinander. Eine unsichtbare Wand hatte sich zwischen uns aufgebaut. Ursache waren unsere quälenden Selbstvorwürfe. Ich fühlte mich schuldig, weil ich offenbar keine Kinder bekommen konnte. Luis machte sich Vorwürfe, dass er mich nicht ausreichend beschützt hatte.

Es war letztlich der Tango, der uns aus der Krise holte. Schnell begannen wir wieder, vorsichtig zu trainieren. Beim Tanzen gibt es keine Distanz zueinander. Man muss sich aufeinander einlassen, führen, geführt werden, gemeinsam durch die getanzte Geschichte gehen. Und so verschmolzen wir wieder zu dem Paar, das wir für immer sein wollten.

Wir hatten reichlich Engagements und wollten nach vorn sehen. Wie innerlich aufgeputscht tanzten wir uns von Erfolg zu Erfolg, und alle zwei Wochen verschoben wir unseren Rückflug nach Argentinien.

Im Herbst bekamen wir tolle Angebote für den Frankfurter Tigerpalast und die Roncalli-Tigerpalast Winterrevue im Kurhaus von Wiesbaden. Jeden Abend hieß es: Spot an! Zuerst waren nur unsere Füße beleuchtet. Wie Messer griffen die Beine jeweils in den Beinraum des anderen. Dann geht ein weiteres Licht an und taucht unsere Körper in strahlende Helligkeit. Es ist mucksmäuschenstill. Sanft schleifen die Füße über den Boden. Baile en silencio, Tanzen ohne Musik. Ein szenischer Hochgenuss. Nur der Körperrhythmus zählt, nur unsere Fußbewegungen und unser Atem sind zu hören. Magisch! Wir zwinkern uns zu, klatschen einen Rhythmus an. Das Publikum tobt. Ich schwinge frech die Hüften, lasse die Fransen am Kleid wippen. Wir strahlen. Milonga de mis amores. Keck legen wir die Köpfe aneinander. Vorhang.

Wir tanzten uns in alle Herzen. Das Publikum bejubelte uns, und jeder Applaus kittete unsere verletzten Seelen ein bisschen mehr.

»Wenn wir eine Bomben-Karriere machen wollen, dann sind wir auf dem richtigen Weg«, sagte Luis, als wir Silvester eine ausverkaufte Show im Kurhaus tanzten. Um Mitternacht sahen wir in den eiskalten deutschen Sternenhimmel und hatten das Gefühl zu schweben. Es ging uns beiden so gut. Wir hatten schlimme Verluste bewältigt und wieder einen gemeinsamen Weg gefunden. Über unsere Beziehungskrisen hatten wir uns hinwegretten können, und nun hatten wir uns auch künstlerisch gefunden. Das Publikum liebte uns. Wir wollten ab jetzt am liebsten nur noch leicht und beschwingt durchs Leben tanzen.

Und doch fehlte mir etwas zum vollkommenen Glück. Ich wünschte mir so sehr, dass wir Eltern wären. Aber wir hatten längst begriffen, dass es nicht leicht für uns sein konnte, ein Kind zu bekommen. Und es würde auch nicht leicht sein, es aufzuziehen. Aber wir müssten es ganz schnell versuchen. Denn die Zeit lief uns weg. Ich war nicht mehr 20.

»Warum haben wir uns nicht viel früher getroffen, Nicole? Dann hätten wir Zeit, all unsere Träume in Ruhe zu genießen!«, sagte Luis einmal ganz ernst zu mir. »Wie geht es weiter, wenn ein Baby auf der Welt ist? Wir haben beide keine Mütter mehr, die sich kümmern können. Es ginge nur mit einer Haushaltshilfe, aber das ist undenkbar, dazu ist das Land zu unsicher, man kann niemandem trauen.«

Als wir im Januar 2004 zurück nach Argentinien flogen, wussten wir keine Antwort.

*

»Wir geben die Entscheidung in bessere Hände«, sagte Luis, und im März fuhren wir nach San Nicolás und besuchten dort den berühmten Wallfartsort La Virgen María del Rosario.

Ich trug einen grünen Spitzenschal, der meinen Kopf verhüllte, und kniete mich in der Kirche vor den üppig geschmückten Altar der Jungfrau Maria.

»Liebe Mutter Gottes, lass es so kommen, wie du es für uns vorgesehen hast«, betete ich, und Luis legte seine Hände auf das Glas, hinter dem sie stand und uns gütig anlächelte. Wir knieten lange nebeneinander, versunken im tiefen Gebet.

Beim Hinausgehen nahm Luis meine Hand. Die andere Hand legte er auf meinen Bauch. Wir schwiegen. Zu viel drehte sich in unseren Köpfen.

Als wir zurückfuhren, fühlte ich mich erleichtert. Das Grübeln war vorbei. Ich würde es jetzt so nehmen, wie es käme.

Zwei Wochen später, im März 2004, war ich wieder schwanger. Der Arzt gratulierte. Die Szene von 2003 wiederholte sich, nur 4000 Kilometer von damals entfernt.

Aber dieses zweite Mal war alles viel gedämpfter. Wir trauten uns nicht, uns richtig zu freuen. Die Angst, auch dieses Kind zu verlieren, saß tief.

Wir waren damals in Argentinien und unterrichteten viel. Das passte gut. Ich konnte mich schonen. Den größten Teil der beruflichen Verpflichtungen deckte jetzt Luis ab. Ich saß oft nur dabei, sah zu. Unsere Schüler und Schülerinnen hatten viel Verständnis. Sie machten Witze mit Luis, der meistens alleine unterrichten musste. Ich schaute lächelnd aus dem Sessel zu, warf hin und wieder einmal eine Korrektur ein. Doch schon nach vier Wochen bekam ich Blutungen und musste liegen. Wochenlang blieb ich zu Hause und betete, dass mein Kind bei mir bliebe. Diesmal dachten wir beide, dass es eine Tochter ist, und wir sprachen viel mit ihr. Wir nannten sie Maria, so wie unsere Mütter hießen, und die Mutter Gottes, die unseren Wunsch erhört hatte.

Luis machte schon kleine Witze: »Oh nein, eine Tochter, wie soll ich nur auf sie aufpassen? Und wehe, sie bringt mir irgendwann einen Typen mit nach Hause. Das halte ich nicht aus.« Er stellte sich auch vor, wie Maria aussehen würde. »Bestimmt hat sie lange dunkelblonde Haare, so wie du!«

Doch ich schüttelte den Kopf und beschrieb, wie ich mir Maria vorstellte: »Mit dunklen Locken, rabenschwarzen Augen vom Vater und langen Beinen von der Mutter.«

Ich stellte mir unsere Tochter vor: Mit zwei Jahren, mit vier, mit sechs Jahren, als junges Mädchen. Ich freute mich auf Maria und las ihr gern etwas vor, stellte argentinische Folklore an und streichelte sie liebevoll in meinem Bauch.

Ich zwang mich regelrecht dazu, entspannt zu sein. Aber in Wirklichkeit war ich es nicht. Ich hatte Angst, dass mein Körper auch dieses Mal das Kind nicht halten konnte. Doch warum sollte mir der liebe Gott dieses Kind erst schenken und mir dann wieder nehmen?

*

Die Stimmung war Anfang Mai noch herbstlich-mild in Quilmes. Ich ging mit Luis spazieren. Wie eine Porzellanpuppe führte er mich durch die Felder.

»Ist es dir nicht zu warm? Möchtest du etwas trinken? Kannst du noch laufen?«, fragte er mich immer sehr besorgt.

Der Arzt hatte gesagt, ich könne ruhig ein wenig spazieren gehen, und ich genoss die frische Luft und die Bewegung. Leider nur kurz.

»Luis!!, oh nein!« Meine Stimme überschlug sich. Ich sah an meinem Bein eine lange dünne Blutbahn, die an der Innenseite meines Schenkels nach unten lief.

»Es blutet, Luis, es blutet wieder.«

Ich zitterte, alles drehte sich, und ich griff Halt suchend nach seiner Hand.

»Ich bringe dich sofort nach Hause«, rief Luis.

Es waren keine hundert Meter zu unserem Haus, aber mir kamen sie vor wie Kilometer. Angekommen legte ich mich mit klopfendem Herzen sofort ins Bett. Luis kochte Tee. Ich wollte mich beruhigen. Doch mein Herz schlug wie wild.

»Maria, Süße, bleib ganz ruhig. Alles wird gut. Hör, ich atme ganz ruhig, für dich. Damit du keine Angst haben musst um dein kleines zartes Leben.«

Ich redete auf mein Kind ein, streichelte es durch die Bauchdecke hindurch, doch während ich noch hoffte, wurde es zwischen meinen Beinen warm und nass. Das weiße Bettlaken färbte sich innerhalb von Sekunden blutrot. Ich taumelte auf die Toilette, um mit Handtüchern das Blut aufzufangen. Mein Unterleib verkrampfte sich, und mit großer Wucht schoss Blut, Fruchtwasser und Gewebe aus meinem Körper. Alles ging so rasend schnell. Ich schrie laut auf, Luis kam zu mir gelaufen. Und in der Toilettenschüssel sahen wir sie: klein, weiß, ganz zart. Mit beiden Händchen fischte ich das wie friedlich schlummernde Körperchen aus der Kloschüssel und hielt es in meinem Handteller geborgen. Ein kleines Lebewesen. Es hatte ein Köpfchen, Fingerchen und Zehen. Es war ein kleiner fertiger Mensch, mit kleinen schwarzen Äuglein. Unsere Maria.

Vor meinen Augen tanzten die Bilder, die ich in den vergangenen Wochen gesehen hatte. Maria, unsere Tochter, du wärst so schön geworden. Luis saß jetzt neben mir auf dem Fliesenboden. Seine Haut war aschfahl. Seine Hände umhüllten meine Hände, gemeinsam hielten wir unsere Tochter. Luis schluchzte bitterlich: »Ich habe Angst, ich habe Angst. Gott, ich habe Angst vor dir!«

Wir hielten den winzigen Körper, nahmen Abschied und weinten so lange, bis die Flüssigkeit in unseren Körpern dafür nicht mehr reichte.

*

Tipizelt Berlin, Tigerpalast Wiesbaden, Tonhalle Düsseldorf. Wir tanzten uns in den kommenden Jahren weiter von Erfolg zu Erfolg. In Argentinien rissen sich die größten Tangohäuser um uns. Von allen Bühnen kamen Angebote. Nach dem berühmten Viejo Almacén leiteten wir ab 2007 das wiedereröffnete Café de los Angelitos.

Luis und ich waren die Haupttänzer, zusätzlich kümmerte sich Luis um den künstlerischen Teil der Show, choreographierte und leitete das 20-köpfige Ensemble. Ich entwarf mit ihm gemeinsam das Bühnenbild, war verantwortlich für die Kostüme und organisierte die Werbung. Das Foto, das mich als Engel in rotem Kleid mit schwarzen Flügeln zeigt, ging um die Welt. Wir waren künstlerisch ganz oben.

»Nicole und Luis sind die besten Tangotänzer, die ich bisher gesehen habe«, schrieb der Kritiker des *Buenos Aires Herald*. »Mitternacht in Buenos Aires. Im Café de los Angelitos fällt der Vorhang, und das Publikum ist begeistert. In monatelanger Arbeit haben Nicole Nau & Luis Pereyra eine perfekte Show inszeniert. Das nach 15 Jahren neu eröffnete Traditionscafé sonnt sich im Namen der beiden, die zu den besten Tangotänzern der Welt zählen«, resümierte der WDR.

Wir sprudelten über vor Ideen und spürten, dass wir noch mehr bewegen könnten. Längst träumten wir von einer eigenen großen Show, mit der wir auf Tournee gehen könnten – mit unseren eigenen Kostümen, unserer Choreographie und von uns verpflichteten jungen Künstlern. Wir wollten die Botschafter Argentiniens sein. Die Kultur des Landes war so reich, gerade die vergessene Kultur des Landesinnern, wir wollten sie inszenieren und so die Welt an deren Reichtum teilhaben lassen. Luis, der das Land mit jeder Faser seines Herzens liebt und ich, die

Frau, die an seiner Seite begonnen hat zu fühlen, wie es ist, wenn man in Argentinien lebt.

Luis und ich, wir wollten uns beruflich noch viel weiter entwickeln und arbeiteten Tag für Tag daran. Zu unserer Aufgabe im Los Angelitos probten wir im Studio kontinuierlich für unsere eigenen Produktionen. Der Lohn für so viel Einsatz: die Anerkennung der Argentinier.

»Sie tanzen, was wir Argentinier fühlen«, sagte mir einmal ein Zuschauer im Viejo Almacén. Gibt es ein größeres Kompliment?

Ich war angekommen. Bei dem Mann, den ich liebte, und in dem Land, das endlich meine zweite Heimat geworden war. Ich hatte dicke Wurzeln in die argentinische Erde geschlagen. Ich gehörte hierher.

*

»Sie sind schwanger!« Wieder hielt mir ein Arzt die Hand zur Gratulation hin. Und wieder war ich glücklich. Es war Juli 2009, und wir bekamen unser 3. Kind.

»Wir haben ein festes Engagement. Ich kann die Show allein organisieren. Du kannst dich ganz auf unser Baby konzentrieren«, sagte Luis.

Dieses Mal schien alles anders. Wir waren in unserem Leben angekommen und standen nicht mehr so sehr unter Spannung wie noch in den Jahren 2004 und 2005. Unsere Trennungen, die Folgen der Wirtschaftskrise, unsere berufliche Entwicklung als Paar, all das hatte viel, viel Kraft gekostet.

Jetzt war alles entspannter. Wir waren als Paar beruflich etabliert. Vor zwei Jahren konnten wir uns in Quilmes ein wunderschönes Haus kaufen. 180 Quadratmeter Wohnfläche mit großem Garten, Pool und einem Studio zum Üben. Wir genossen den blühenden Garten. Unser Hund Cucho aalte sich in der Sonne. Endlich besaßen wir ein passendes Zuhause. Wenn wir drei, vier Monate im Jahr durch die Welt tourten, wohnte ein Freund bei uns, um nach dem Rechten zu sehen, und ich freute mich immer riesig, wieder heimzukommen.

Der Ort war ideal für ein Kind. Ein Junge? Ein Mädchen? Es war uns egal. Wir freuten uns nur darauf, dass Kinderfüße unseren Rasen spüren und Spielzeuge in unserem Wohnzimmer liegen würden.

»Ein Haus ohne Kinder hat keine Seele«, sagte Luis immer. Sein Sohn Nazareno war mittlerweile schon 13 und kam höchstens noch einmal die Woche vorbei. Früher hatte er oft am Wochenende bei uns geschlafen. Ich habe es genossen, Papa und Sohn im Garten Fußball spielen zu sehen. Luis brachte seinem Sohn das Gitarrenspiel bei, paukte mit ihm Englisch und erklärte ihm, wie die Welt aussah. Nazareno liebte seinen Vater sehr. Obwohl er nichts weniger werden wollte als Tänzer.

»Er hat schauspielerische Fähigkeiten und kann gut malen. Aber ich glaube, er macht einmal etwas Soziales, er ist ein sehr feiner Kerl«, erklärte Luis immer. Es könnte passen. Der Junge hat eine besondere Weise, mit Menschen umzugehen.

Und nun sah es so aus, als würde Nazareno bald ein Geschwisterchen bekommen. Doch dann …

*

Ich stand an der Wand und streckte meine Beine. Wir tanzten seit Stunden und übten Passagen des berühmten Tangostücks *Taconeando*. Die Füße schmerzten. Der Rücken wirkte wie zerbrochen. Dazu war mein Kopf leer. Je mehr ich mich auf die Perfektion der Schritte konzentrierte, desto erträglicher wurde der Schmerz in meinem Herzen. Luis gab mir Anweisungen. Sein Blick war abwesend, sein Gesicht fast maskenhaft. Seine Stimme klang wie eine Kunststimme vom Band. Ohne Höhen und Tiefen ratterte er seine Anweisungen herunter. »Aquí en contratiempo. Hier gegen den Takt.«

So stellt man sich Zombies vor, dachte ich. Wesen ohne Empfindungen, abgekoppelt von der Welt, die sie umgibt. Nun machte ich mich fertig für den Auftritt.

Ich trug ein wunderschönes schwarzes Chiffon-Kleid mit einem in verschiedenen Schwarz-Nuancen funkelnden Pailletten-Bustier, perfekt auf Figur genäht. Silberne Borten umrahmten meine Taille. Das Publikum würde eine elegante Nicole erleben, und niemand würde wissen, dass ich ein Kind unter dem Herzen trug – ein totes Kind.

Unser Sohn lebte nicht mehr. Sein kleines Herzchen hatte irgendwann im August aufgehört zu schlagen. Ich hatte es dieses Mal nicht wie fünf Jahre zuvor gespürt. Der Arzt hatte mir so viel Vertrauen gegeben. Und wir hatten es ja viel weiter geschafft als die beiden Male davor. Ich bin ganz unbesorgt zur Kontrolluntersuchung gegangen.

»Bis später, Schatz«, sagte ich noch zu Luis.

»Passt auf euch auf«, antwortete er mir und warf mir durch den Garten eine Kusshand zu.

Eine halbe Stunde später starrte ich auf den Ultraschallmonitor. Da blinkte nichts. Ich sah es noch vor der Ärztin. Da lag unser Kind, aber es blinkte kein Lichtlein.

»Warum klopft das Herz nicht, müssen Sie das Gerät noch einschalten?«, fragte ich leise und weigerte mich, Zweifel in mein Herz zu lassen.

»Das Gerät ist eingeschaltet. Ihr Kind lebt leider nicht mehr!«

Wieder hatte mir ein Arzt wie ein Götterbote in der Antike diese grausame Nachricht übermittelt. Es war das dritte Mal. Warum? Ich fragte nicht danach. Ich wusste, dass es meine letzte Schwangerschaft war. Mit 46 Jahren war es jetzt zu spät für ein Kind. Ich würde keine Mutter mehr werden.

Aber die Ärztin hatte dieses Mal noch etwas gesagt, was ich vorher noch nicht gehört habe: »Die Natur regelt das allein.«

Keine Ausschabung? Kein Klinikaufenthalt?

»Leben Sie weiter wie bisher. Der Körper bekommt das allein hin.«

So lebte ich weiter wie bisher. Sechs Wochen trug ich mein totes Kind bei mir. Rückblickend war es eine wertvolle Zeit des Abschieds.

Luis und ich versuchten uns mit Arbeit über die Trauer hinwegzuhelfen und uns wieder auf uns beide als Paar zu besinnen, das nicht am Schmerz zerbricht, sondern durch die Liebe füreinander wächst. Wir feilten intensiv an neuen Choreographien und konzentrierten uns ganz auf das Tanzen.

Am meisten half uns aber, dass wir doch noch ein bisschen Zeit zu dritt hatten. In einer leidenschaftlichen Tango-Szene flüsterte mir Luis einmal einen Satz ins Ohr, den ich nie vergessen werde: »Hier zwischen dir und mir, in deinem – in ›unserem‹ – Bauch, tragen wir noch ein wenig unser Kind spazieren. Lass uns jeden Schritt genießen.«

Am 26. August war es dann endlich so weit. Ich bekam Wehen.

»Wir fahren nach Hause«, sagte Luis, und stumm fuhren wir die eineinhalb Stunden nach Quilmes. Ich zog mich aus und legte mich ins Bett. Schmerztabletten wollte ich nicht nehmen. Ich hatte zweimal keine Chance bekommen, ein Baby auf die Welt zu bringen. Jetzt wollte ich es einmal erleben.

*

Die Abstände zwischen den Wehen werden nur langsam kürzer. Anfangs kann ich noch lesen, Kraft sammeln, aber dann liegen nur noch wenige Minuten dazwischen, in denen ich kurz durchatmen kann, bevor mich die nächste Wehe durchrüttelt.

Ich brauche sieben Stunden, um mein Kind zu gebären. Dieses Mal sehe ich es nicht. Vermutlich bin ich zu schwach, um es zu sehen.

Morgens um sieben falle ich in einen erlösenden Schlaf. Unser Kind, unser Joshua, lebt nicht hier, und dennoch ist er immer bei uns, so wie seine zwei Geschwister. Wir sind eine Familie, wenn auch eine Sternenkinderfamilie.

Luis baut uns im Garten eine kleine Kapelle. Ich stelle dort eine große Kerze hinein, an die Wände hänge ich die Ultraschallfotos unserer drei Kinder. Dazu die Bilder unserer Mütter. Die Kerze für sie brennt immer.

KAPITEL 12

»Schatz! Pass auf!« Luis reißt das Lenkrad zur Seite und hat Mühe, den Wagen auf der rechten Fahrspur zu halten. Ich greife mir ans Herz. Puuh, das war knapp. Gerade hat uns ein Fahrzeug mit hohem Tempo überholt und beim Wiedereinscheren fast angefahren.

»Dieser Idiot«, brummt Luis wütend. »Das hätte ins Auge gehen können.« Und dann drückt er wütend auf die Hupe.

Wir sind auf dem Heimweg nach unserer Show im Café de los Angelitos. Es ist April 2010, schon 2 Uhr nachts, und trotzdem ist viel Verkehr. Wir fahren gerade in den Peaje ein, so nennt man die Zahlstationen an den Autobahnauffahrten, und vor uns in der Schlange steht jetzt das Fahrzeug, das uns gerade so leichtsinnig überholt hat.

Luis kann sich gar nicht beruhigen, schimpft lautstark vor sich hin.

»Bei der Hitze sind alle nervös«, versuche ich ihn zu beruhigen. »Luis, lass es gut sein«, warne ich.

Doch Luis ist aufgebracht.

»Nicole, der hätte uns umbringen können.«

Dann kurbelt er das Fenster herunter und ruft: »Hey, Jungs, das hätte ins Auge gehen können!«

Doch was ist das? Vier Türen fliegen gleichzeitig auf, und vier Männer rennen auf unser Fahrzeug zu.

Was soll das? Warum schert Luis nicht aus? Will er sich etwa auf Diskussionen einlassen? Überall wird vor Überfällen gewarnt. Die Kriminalität ist in den letzten Jahren in Buenos Aires dramatisch angestiegen.

Nachts soll man an keiner roten Ampel halten. Tagsüber immer den Verkehr vor und hinter sich beobachten. »Fahr einfach weiter, am besten in die nächste Spur«, rufe ich aufgeregt. Doch ich sehe auch, dass das gar nicht geht, so eingeklemmt stehen wir da.

Ehe ich begreife, was hier passiert, ist Luis schon draußen.

»Bleib im Wagen«, ruft er mir zu. Er will mich schützen, deshalb steigt er aus. Und er will reden. Doch die vier Angreifer wollen das nicht. Kaum ausgestiegen, donnert ihm einer der Kerle mit aller Kraft die schwere Autotür auf die Brust. Luis schreit vor Schmerzen, und in dem Moment stürzen sich zwei der jungen Kerle auf ihn. Doch Luis ist ein Kraftpaket. Er kann sich wehren. Damit haben sie nicht gerechnet. Einen wirft er mit einem Faustschlag zu Boden, einen anderen schlägt er danach in die Flucht. Er ist mit einem Satz wieder in seinem Auto. Aber die anderen zwei dreschen auf ihn ein. Warum hilft niemand? Alle bleiben in ihren Fahrzeugen sitzen, sogar die Gendarmerie sieht tatenlos zu. Verdammtes Argentinien! Ich springe aus dem Auto. Als Luis auch den dritten Angreifer überwältigen will, sehe ich, wie der vierte seinen Gürtel aus der Hose zieht und die schwere eiserne Schnalle schwingt.

»Nein, nein, bitte nicht. Lasst das. Ihr Schweine, hört auf!«, schreie ich und renne auf den Mann zu, der brutal auf Luis einschlagen will. Ich greife ihm in den Arm. Doch er schüttelt mich weg wie eine lästige Fliege. Ich habe keine

Chance. Luis atmet schwer. Er blutet. Die Schnalle schimmert im Schein der Autobahnlichter. Wenn er ihn trifft, ist Luis tot. Ich schreie hysterisch auf.

Ein alter Mann steht plötzlich neben mir. Er trägt eine alte Lederjacke und eine verschlissene Stoffhose. Sein Haar ist lang und grau, und ein Vollbart verdeckt sein Gesicht. Wie will er uns denn helfen? Er greift Luis sanft an den Schultern.

Plötzlich rennen auch die anderen zwei Männer zum Auto. Alles geht unwirklich schnell. Der Motor heult auf, und dann rast das Fahrzeug auf einen leeren Peaje-Schalter zu. Das Irrsinnige: Der Kontrolleur öffnet sogar die Schranke und lässt die Verbrecher ziehen. Argentinien! Hier herrschen andere Gesetze.

Ich keuche wie ein angeschossenes Tier und rapple mich auf. Ich muss zu Luis. Er hat sich am Auto hochgezogen, lehnt jetzt zusammengekrümmt an der eingetretenen Fahrertür. Seine Kleidung ist völlig verstaubt. Seine Hände sind blau. Er atmet schwer.

Ich taumle zu ihm, stütze mich an unserem Wagen ab.

»Du brauchst einen Arzt, komm, ich fahre.«

Ich greife Luis um die Taille. Er stützt sich auf mich, und dann humpelt er mit meiner Hilfe um das Auto herum und rutscht auf den Beifahrersitz. Er stöhnt leise auf.

»Liebling, halt durch. Gleich kommt Hilfe.«

Bevor ich auf den Fahrersitz rutsche, suche ich den alten Mann. Ich will mich bedanken. Er hat uns gerettet. Aber er ist nicht mehr da.

Ich sehe die Straße entlang. Bis zu den nächsten Häusern sind es mindestens 500 Meter. So schnell kann er nicht verschwunden sein.

»Luis, hast du den Mann gesehen, der uns gerettet hat? Wir müssen uns doch bedanken. Es wäre nicht richtig, einfach wegzufahren«, sage ich. Doch es ist niemand zu sehen.

»Welcher Mann? Da war kein Mann«, flüstert Luis mit schmerzverzerrtem Gesicht.

»Aber er stand doch direkt neben dir«, antworte ich. »Liebling, der Mann mit dem Bart, du musst ihn gesehen haben. Er hat dich doch an der Schulter gepackt und zurückgehalten.«

Luis schüttelt den Kopf.

»Komm, lass uns fahren!«

Ich starte den Wagen und bin plötzlich ganz ruhig. Ein Lächeln umspielt meine Lippen. Ich sehe zum Himmel und bete: »Danke, lieber Gott, dass du uns gerettet hast.«

*

»Sag mal Nicole, mir fehlte heute ein bisschen Intensität. Eure letzte Tanzszene wirkte ein wenig steif und nicht gerade innig. Das kenne ich gar nicht von euch beiden!«

Fernando und Alfredo, die Chefs vom Café de los Angelitos, stehen vor mir in der Künstlergarderobe. Ich sehe sie an, fragend, nein fassungslos. Fernando geht kopfschüttelnd weg.

»Alfredo, was soll das«, sage ich schnippisch. »Sie wissen, dass Luis nicht fit ist. Er schleppt sich seit Tagen mit Schmerzen auf die Bühne, um die Show nicht zu gefährden. Jeder Schritt tut ihm weh, jeder Atemzug ist eine Qual. Er kann nur mit halber Kraft tanzen. Dafür tanze ich mit doppelter. Das muss reichen!«

Mit blitzenden Augen drehe ich mich um und lasse Alfredo stehen. Ich darf seine Antwort nicht abwarten, sonst bekommen wir uns hier und jetzt richtig in die Haare.

Luis hat sich bei dem Überfall drei Rippen gebrochen und am ganzen Körper schwere Prellungen davongetragen. Dazu hatte er Platzwunden an den Händen, und seine Augen waren tagelang schwarzblau unterlaufen. Aber er hat keinen Auftritt abgesagt. Schon am nächsten Tag stand er auf der Bühne. Mit dicker Theaterschminke im Gesicht, vollgepumpt mit Schmerzmitteln.

»Ich tanze«, hat er mir mit fester Stimme gesagt, als ich ihn bat, mich nach einem Ersatzpaar umschauen zu dürfen.

Und dieses »Ich tanze« kam mit einer Entschlossenheit aus seinem Mund, dass ich genau wusste: Widerspruch bringt nichts!

Luis ist sehr diszipliniert. Als erfolgreicher Künstler muss er das sein. Aber er ist auch noch künstlerischer Direktor und muss Vorbild sein. Es geht nicht, dass er von seinen Tänzern verlangt, Tag für Tag pünktlich und verlässlich Spitzenleistungen zu bringen, und selbst diese Leistung nicht zeigt. Luis tanzt, mit einem lädierten Bein, Hautabschürfungen und blauen Flecken am ganzen Körper. Er tanzt, weil er es für richtig hält.

Ich habe bei allen Auftritten improvisiert. Enge Berührungen haben wir weggelassen, bestimmte Tanzschritte auch. Dem Zuschauer fallen solche Feinheiten nicht auf, glücklicherweise. Nur wer uns kennt, sieht das. Alfredo kennt uns, aber er weiß, warum das so ist. Er soll seine verdammte Klappe halten! Doch ich verstehe auch, dass das Geschäft vorgeht. Immer. Deshalb tanzt Luis ja auch, damit die Show keinen Schaden davonträgt.

*

»Ich glaube, du rufst besser einen Arzt!« Luis ist kreidebleich. Es ist elf Uhr am Vormittag, und er ist gerade von einem Casting nach Hause gekommen. Er hat Tänzer auswählen müssen. Ich habe gehört, dass er die Haustür geöffnet hat, und mich gewundert, dass er gleich ins Schlafzimmer gegangen ist. Jetzt stehe ich am Bett und bin ratlos.

Luis sieht mich mit trüben Augen an.

Ich hole das Telefon, rufe den nächsten Mediziner an. Ich weiß, wenn Luis mich darum bittet, ist es ihm ernst.

Anders als in Deutschland existiert in Argentinien kein staatliches Gesundheitssystem. Es gibt nur eine minimale Grundversorgung. Ansonsten zahlt man den Arzt selbst oder geht unter. Wir sind in Argentinien auch nicht krankenversichert. Jeder Arztbesuch kostet Geld. Deshalb gehen wir nur zu einem Mediziner, wenn es wirklich nötig ist. Bei Luis ist es nötig.

»Der Blutdruck ist gefährlich hoch«, sagt der Notarzt.

Auf dem Nachtschrank steht eine Colaflasche, ein Salzstreuer.

»Das ist genau das Falsche«, meint der Mediziner und drückt mir beides in die Hand, damit ich es wegbringe.

»Herr Pereyra, Sie brauchen Ruhe!«

Luis schüttelt den Kopf.

»Das geht nicht. Ich möchte morgen nach Santiago zu meiner Familie fahren. In drei Wochen fliegen wir nach Europa, und dann sind wir lange nicht mehr hier.«

Der Arzt kräuselt die Stirn.

»Sie sollten nirgendwohin fahren. Ihr Blutdruck spielt verrückt. Das muss untersucht werden.«

Schweren Herzens sagt Luis die Reise ab. Stattdessen lässt er sich in der Praxis auf den Kopf stellen. Doch das Herz ist in Ordnung. Ich bin beruhigt.

Aber Luis darf kein Salz mehr essen, keinen Kaffee mehr trinken, keine Cola, auch nicht seinen geliebten Mate-Tee. Mate gehört für Luis zu Argentinien wie der Tango. Ursprünglich wurde er von den Indígenas getrunken. Die Jesuiten haben das Getränk dann rasch übernommen, denn Mate-Tee ist anregend und gesund und steigert die Leistungsfähigkeit. Ideal, wenn man Menschen wie die Indígenas für sich arbeiten lassen will. Ideal aber auch, wenn man sich fit und gesund halten will und den herben Mategeschmack liebt.

Luis fällt es schwer, darauf zu verzichten, aber er macht mit. Deshalb darf er auch weitertanzen. Aber er soll sich nicht mehr aufregen, sondern üben, Dinge gelassen zu sehen.

Leicht gesagt, wenn man so temperamentvoll ist wie er. Und wenn einem die Verantwortung kaum mehr Luft zum Atmen lässt.

Denn er muss nach wie vor für viele sorgen. Sein Vater kann das Haus allein nicht halten. Auch Luis' Bruder braucht ständig Geld. Er ist seit Jahren arbeitslos und lebt mit seiner Frau Reina und den beiden Kindern beim Vater.

Luis kümmert sich auch um das Haus, in dem Nazareno mit seiner Mutter und Großmutter wohnt. Im Moment wird gerade ein einbruchssicherer Zaun gebaut.

Als ein Onkel stirbt, wissen die Kinder nicht, wie sie die Beerdigung bezahlen sollen. Ein anderer Onkel kommt ins Krankenhaus, und die Kinder schicken Luis die Arztrechnung. Alle, alle wollen Geld von Luis! Und er sagt nie Nein und nimmt sich vor, noch öfter und noch länger zu tanzen. Aber das geht nicht mehr. Luis braucht endlich mehr Ruhe. Seit Jahren merkt er es selbst. Aber jetzt hat er es aus dem Munde eines Arztes gehört. Und? Macht er trotzdem weiter? Ignoriert er alle Warnungen?

Ich versuche Luis, so gut es geht, zu entlasten. Die Betreuung des Ensembles, Kostümentwürfe, die Bühnendeko, Schlange stehen an der Bank, Einkäufe – ich mache alles allein. Luis kann sich in der Zeit zu Hause ausruhen. Es reicht, wenn er abends zur Show da ist.

*

Luis liegt auf dem Boden in unserem Wohnzimmer. Seine Augen sind weit aufgerissen. Das Gesicht ist schweißnass. Er reißt sich das Hemd auf, japst nach Luft. Sein Blutdruck kocht. Was ist los? In dieser Woche ist Luis bereits zum dritten Mal umgefallen. Die Zusammenbrüche kommen immer häufiger. Der Notarzt, ein älterer sympathischer Mann, misst jedes Mal den Puls, verschreibt ein blutdrucksenkendes Mittel. Luis legt sich dann ins Bett, und ein, zwei Stunden später geht es wieder bergauf.

Heute kommt aber eine junge Notärztin als Vertretung. Auch sie misst den Blutdruck, hört das Herz ab und – nein, verschreibt kein Medikament. Sie setzt sich im Schneidersitz zu Luis auf den Boden, hält seine Hand. Und dann sieht sie mich an, meint:

»Ihr Mann braucht keine Medikamente!« Sie tippt sich mit dem Zeigefinder an die Stirn.

»Das kommt alles von hier oben!«

Was meint sie? Ich sehe sie fragend an. Als ich sie zur Tür bringe, nimmt sie mich zur Seite.

»Ihr Mann braucht einen Psychiater, und zwar sofort!«

*

40,5 Grad Fieber. Luis geht es schlecht. Er liegt im Bett und schläft fest. Ich sitze im Büro am PC und plane scheinbar gelassen unsere nächste Deutschland-Tournee. In meinem Inneren herrscht eine große Unruhe. Was ist bloß mit Luis los? Zu einem Therapeuten geht er nicht. »Was soll ich mit so jemandem reden, das bringt doch nichts«, platzte es sofort aus ihm heraus, als ich das Thema ansprach.

In Buenos Aires gibt es massenhaft Psychiater, Psychotherapeuten und Psychologen. Schon Kinder werden auf die Couch geschleppt, wenn sie nicht so sind, wie ihre Eltern sich das wünschen. Auch für Erwachsene ist es schick, sich gegen Bezahlung einen regelmäßigen Zuhörer zu gönnen. Ich glaube, es gibt kaum einen Porteño, der nicht schon eine Therapie hinter sich hätte. Es ist ein Massenphänomen geworden und keineswegs negativ besetzt. Man spricht offen darüber, spätestens seit sich 2003 Christina Kirchner zur Behandlung ihrer Stimmungsschwankungen bekannte. In meinen Augen wollen diese Menschen auf die Couch, weil sie mit einer tiefen Verunsicherung leben und nicht die Anerkennung, den Erfolg in der Liebe, im Job und im Leben haben, den sie glauben, haben zu müssen. Und weil es in der chaotischen und schnelllebigen Großstadt keinen Platz mehr gibt für wahre Freunde. Die Messlatte für Schönheit liegt hoch, junge Mädchen lassen sich Silikonbrüste operieren, Mütter konkurrieren mit ihren eigenen Töchtern. Das heile Bild der Familie und des sozialen Miteinanders ist in sich zusammengefallen und einer Scheinwelt gewichen.

Luis mag so nicht leben. Für ihn sind das überdrehte Idioten, die zu viel Wert auf das eigene Ego legen. Er glaubt an Gott und betet in tiefem Glauben lieber den Rosenkranz. Danach fühlt er sich besser. Aber zu einem Therapeuten geht er nicht. Er will das nicht, basta!

Aber so kann es auch nicht weitergehen. Er ist völlig verändert. Bei den kleinsten Problemen fährt er aus der Haut und reagiert richtig aggressiv. Ich traue mich schon gar nichts mehr zu sagen, damit wir keinen Streit haben. Im Ensemble rumort es. Man kennt Luis so nicht. Er war immer sehr freundlich, höflich, rücksichtsvoll. Jetzt muss man mit ihm umgehen wie mit einem rohen Ei. Ein falsches Wort zur falschen Zeit, und die Bombe platzt. Keiner will das aushalten. Ich möchte ihm so gern helfen, aber er lässt es nicht zu.

In den letzten Wochen hat er sich immer mehr zurückgezogen. Unsere Freunde haben mich schon darauf angesprochen, weil er ihre Einladungen nicht annimmt. Aber er kann nicht mehr ausgehen. Sowie er auf der Straße steht, bricht ihm der Schweiß aus, und er bekommt kaum noch Luft. Sicher und wohl fühlt er sich nur noch zu Hause. Er verlässt nur noch zu den Shows das Haus. Anschließend möchte er sofort wieder zurück. Unser Haus ist seine Burg. Hier fühlt er sich wohl, geschützt gegen den Rest der Welt. Doch er ist auch hier nicht sicher vor sich selbst. Man kann zusehen, wie er körperlich abbaut. Regelmäßig hat er Herzattacken und Schweißausbrüche und neuerdings offenbar Platzangst. Er geht nur auf die Bühne, wenn die Türen geöffnet sind, als Fluchtweg. Ich mache mir Sorgen. Luis braucht Hilfe. Warum versteht er das nicht?

*

»Sie leiden an Panikattacken und sozialer Phobie.«

Wir sitzen nebeneinander bei einem Psychiater. Luis hat sich gegen die Psychotherapie gewehrt, aber er hat nichts dagegen, einen Psychiater aufzusuchen. Zu einem Arzt hat er Vertrauen.

Luis ist ganz still. Zusammengesunken sitzt er auf dem Sofa, starrt auf den Boden. Hört er überhaupt zu? Er ist heute zum Psychiater gegangen, weil er wohl selber gemerkt hat, dass er nicht einfach so weitermachen kann. Denn seit gestern sieht jeder, dass mit Luis etwas nichts stimmt. Als ich ihm heute früh einen Tee ans Bett bringen wollte, ist mir vor Schreck die Tasse aus der Hand gefallen. Luis' linke Gesichtshälfte ist gelähmt. Sein Auge ist halb geöffnet, der Mundwinkel hängt.

»Was ist los, Liebling?«, habe ich gefragt und sein Gesicht in meine beiden Hände genommen. Die Haut fühlte sich komisch an. Die linke Seite war heißer als die andere. Als Luis sich im Spiegel ansah, war das ein Schock für ihn. Seine Augen schimmerten feucht. Später, beim Frühstück, hatte er Mühe, den Tee zu trinken. Wie auch, wenn man den Mund nicht mehr schließen kann.

Ihn so zu sehen, brach mir das Herz. Ich hatte all die Monate funktioniert und versucht, ihm den Rücken frei zu halten. Jetzt konnte ich nicht mehr. Ich weinte hemmungslos. Ich bin sicher, es sind die Tränen, die seine bislang starre Haltung aufweichten. Er bat mich, einen Arzt anzurufen. Aber ich hatte genug gelesen, um zu wissen, dass das unnötig ist. Luis braucht einen Psychiater. Er hat eine kranke Seele.

Jetzt sitzen wir bei Dra. Dabate im Sprechzimmer. Ich bin froh.

»Wann hat es angefangen?«, will sie wissen.

Luis spricht leise, abgehackt. Viele Fragen muss ich für ihn beantworten.

Ich erzähle nicht nur, wie alles begann. Ich erzähle Luis' ganzes Leben. Von der ungewöhnlichen Kindheit. Der ungeheuren Verantwortung. Den wirtschaftlichen Problemen nach der Krise und unserem körperlich harten Alltag als erfolgreiches Tanzpaar.

»Die Seele ist gekippt«, sagt Dra. Dabate. »Ihre Seele kann nicht mehr. Sie schreit um Hilfe und schaltet Sie körperlich aus, damit Sie liegen bleiben und begreifen, dass Sie Ruhe brauchen. Herzrasen, Fieber, Ängste, alles körperliche Reaktionen auf eine kranke Seele, mit der sie wach gerüttelt werden sollen.«

Ich nicke. Sie hat recht. Luis ist ein nervliches Wrack. Es reicht die kleinste Erschütterung, eine Auseinandersetzung mit mir, ein Problem im Theater, und schon schlagen seine Nerven Purzelbäume. Er ist nicht mehr belastbar, deshalb will er allein sein. Niemand soll ihn ansprechen. Niemanden will er sehen. Seine Seele will keine Eindrücke von außen, keine Bilder, keine Bewegung. Alles wird zur Erschütterung. Und weil er das weiß, klinkt er sich aus. Er nimmt sich, was er braucht: Ruhe!

*

Luis geht ein Jahr zum Psychiater. Er lernt in der Zeit, sich zu schützen und nicht alles zu seinem persönlichen Kampf zu machen. Er kann nicht mehr für alle die Verantwortung übernehmen. Jetzt, mit fast 50, versteht er, dass er sich nicht gegen alles und jeden wehren muss, sondern bei dem Menschen, den er liebt, Schwächen zeigen darf.

Luis taut auf und verrät mir Dinge, die ihm noch nie über die Lippen gekommen sind: Kriegserlebnisse aus dem grausamen Falklandkrieg. Wie er als junger Mann aus dem Helikopter geschubst wird, losrennt und sich die Toten aufschultert, um sie zurück zur Basis zu bringen. Wie sein Herzklopfen ihm fast den Brustkorb sprengt, der Atem ihm die Lungen beinahe zerreißt, und dann ein Schuss sein Bein trifft. Er war nur wenige Tage im Einsatz und hat doch Dinge gesehen, die er nicht vergessen kann. Aber er hat es nicht zugelassen, schwach zu sein, ja, nicht einmal, darüber zu reden.

Jetzt ist es anders. Er beginnt eine homöopathische Therapie, die ihn sorgsam von innen heraus heilt. Luis vertraut mir und macht, was ich ihm rate. Er hat verstanden, dass wir *gemeinsam* kämpfen wollen, dass es zwischen uns nichts geben darf, was unangenehm oder peinlich ist. Wir sind zwei Individuen und ergänzen uns doch zu einem harmonischen Ganzen. Unsere Liebe ist an all der Not der vergangenen Jahre gewachsen und endlich so fest und sicher, wie wir es uns am Anfang nur erträumen konnten. Wir sind füreinander da, bedingungslos, grenzenlos.

KAPITEL 13

Ungefähr 100 Menschen stehen in der Schlange, als ich um zwei Uhr nachts zum Standesamt nach Quilmes komme. Die Reihe der Wartenden reicht über die großzügige Eingangstreppe hinab bis auf den Bürgersteig, um die Ecke herum und bis zum Parkplatz. Glücklicherweise regnet es nicht. Nach einer halben Stunde bitte ich eine Studentin, die mit einer Taschenlampe ihr Manuskript über spanische Literatur beleuchtet, meinen Platz frei zu halten. Ich möchte mir am Automaten des nahe gelegenen Supermarktes einen Kaffee kaufen.

Um Viertel nach acht öffnet sich die große Holztür, und die Leute strömen auf den Flur. Es gibt vier Türen für alle möglichen Anliegen: Taufe, Anmeldung des Wohnorts, Sterbeangelegenheiten und Hochzeiten. Maximal zehn Termine gibt jede Abteilung pro Tag heraus, und je nachdem, wie viele Menschen sich vor einer Tür einfinden, weiß man, ob man umsonst angestanden hat oder nicht.

Ich habe Glück. Ich bin die Nummer neun vor meiner Tür und kann bleiben.

Heiraten in Buenos Aires. Ich weiß noch nicht, auf was ich mich eingelassen habe. Luis und ich wollen schon lange heiraten. Wir sind beide geschieden und möchten unsere Liebe auch auf dem Papier besiegeln. Aber das Problem ist die Zeit. Wir sind immer so eingespannt, dass uns oft der Mut verlassen hat. Wenn ich jemals über die Bürokratie in Deutschland geklagt habe, dann tut es mir jetzt leid. Es ist nichts gegen die Abläufe in Argentinien. Zwischen Auskunftsschalter, Sachbearbeiter und Warteschlangen möchte man verzweifeln.

Ich stehe um halb elf, nach achteinhalb Stunden Wartezeit, vor der Standesbeamtin mit dem schönen Namen Rosaleda. Sie ist knapp dreißig Jahre alt, klein, rundlich, perfekt geschminkt und trägt ihre langen schwarzen Haare zu einem dicken Pferdeschwanz gebunden. Als ich ihr meine sorgfälig von meiner Tante in Deutschland organisierten Papiere gebe, sieht sie mich überrascht an.

»Sie sind ja Deutsche! Damit haben wir hier keine Erfahrung. Damit muss ich erst zum Chef!«

Und damit beginnt mein Wettlauf mit der Zeit. Um 12.30 schließt das Büro. Wenn ich es bis dahin nicht geschafft habe, einen Termin zu bekommen, beginnt die ganze Tortur von vorn. Ich will nicht!

Wieder habe ich Glück. Meine Papiere sind komplett. Ich darf heiraten. Aber ich darf mir keinen Termin aussuchen. Man kann immer nur einen Termin für genau einen Monat später bekommen. Heute ist der 15. November, also kann ich auch nur am 15. Dezember heiraten.

»Aber was ist, wenn ich ein großes Fest möchte und Zeit zum Planen brauche?«, frage ich.

Rosaleda lacht.

»Dann müssen Sie schneller planen!«

Ich gebe auf. Doch als ich gehen will, hält mir Rosaleda noch lachend einen Zettel hin.

»Hier, für die Blutprobe. Die müssen Sie mir noch bringen.«

»Blutprobe?«, frage ich irritiert.

»Ja«, strahlt mich Rosaleda an. »Sie müssen beide ins Dispensario!«

Ich traue meinen Ohren nicht. Dispensario nennt man die staatlichen Krankenhäuser für Arme. Es sind triste Betonbauten mit verrosteten Fenstern und auseinandergefallenen Lamellenläden. Karge Flure mit abgelaufenem Linoleum, vergilbte Wände, zerbrochene Plastikstühle und nackte Aluminiumliegen mit Stofffetzen, die als Unterlage dienen, tropfende Wasserhähne, angerostete Spuckschüsseln, lecken Toiletten.

»Kann ich nicht in ein anderes Krankenhaus?«, bohre ich nach.

Doch Rosaleda schüttelt den Kopf.

»Nein, es muss staatlich sein. Sonst kann man die Ergebnisse ja fälschen!«

Was Rosaleda meint, ist die Tatsache, dass alle hier korrupt sind. In den privaten Hospitälern sowieso, aber in den staatlichen Krankenhäusern natürlich auch. Nur da ist es teurer. Es wäre illusorisch zu glauben, dass irgendwo jemand die Hand nicht aufhält.

»Bestechlich ist jeder«, sagt Luis immer, und ich habe an seiner Seite gelernt, dass er recht hat. Als ich beim Überfall auf uns die Polizei rufen wollte, hat er mir sofort ›Bloß nicht‹ zugerufen. Kein Argentinier wendet sich in Notlagen an die Polizei. Die hat, wie überall in Südamerika, keinen sehr guten Ruf. Die Beamten wollen Geld. Und wenn sie es nicht bekommen, fälschen sie Aussagen und Protokolle. Es ist ein Land ohne Rechtssicherheit. Daran musste ich mich als Deutsche erst gewöhnen. Und ich hinterfrage mehr.

»Warum müssen wir denn überhaupt zur Blutabnahme?«

»Weil Menschen mit Erbkrankheiten oder Aids nicht heiraten dürfen!«

Ich verstehe und denke mir meinen Teil.

Sie dürfen zusammenleben, und sie dürfen Kinder bekommen. Aber heiraten dürfen sie nicht. Argentinien!

Die Blutabnahme muss zehn Tage vor der Hochzeit sein. Nicht neun und nicht elf, nein zehn Tage.

So sitzen wir am 5. Dezember 2011 im Dispensario und fühlen uns wie bei einer Hinrichtung. Das Wartezimmer teilen wir uns mit den Ärmsten der Armen. Fast keiner hat Zähne im Mund, die Kleidung ist zerfleddert, viele, besonders die alten Leute und die Kinder, sind unterernährt und riechen streng. Das Behandlungszimmer ist schmuddelig. Die Geräte völlig veraltet. Ich beobachte genau, ob die Spritzen sterilisiert werden. Sonst streike ich und heirate in Deutschland.

Aber es klappt alles. Der junge Arzt ist sehr sorgfältig und kontrolliert das Besteck genau. »Ich weiß, was Sie denken«, meint er augenzwinkernd, als er meine skeptischen Blicke sieht. »Ich habe in Deutschland mein Praktikum gemacht. Aber Sie können sich auf mich verlassen.«

Ich blinzle ihm dankbar zu. Und wirklich. Innerhalb weniger Minuten haben wir die Prozedur überstanden.

»Tschüss«, ruft uns der Arzt zum Abschied hinterher. »Das ist das einzige deutsche Wort, das ich behalten habe.«

Aber wir wollen nur noch eins: so schnell weg wie möglich.

Sieben Tage vor der Hochzeit gibt es neuerlich Komplikationen. Rosaleda ruft an. Man vermag meinen Namen nicht zu lesen, weiß nicht, was Düsseldorf ist, und kann sich auf meine deutschen Papiere insgesamt, so scheint es, eigentlich keinen Reim machen.

»Am besten ist, wir verlegen den Termin«, meint Rosaleda.

»Das geht nicht, dann sind wir doch in Deutschland«, erwidere ich, und der Satz kommt mir energischer über die Lippen, als ich will. Aber ich bin plötzlich starr vor Schreck. Hat sich das Schicksal gegen uns verschworen? Sollen wir nicht heiraten? Nein, das kann ich nicht glauben. Ich will Luis' Frau sein, für immer, und ich kämpfe darum.

»Bitte belassen Sie es bei dem geplanten Datum, ich besorge Übersetzungen!«

Drei Tage bin ich in Buenos Aires unterwegs, um meine Papiere übersetzen und beglaubigen zu lassen.

Am 11. Dezember ist es dann so weit. Wir können vier Tage später heiraten.

Ich bin selig. Bis das Telefon klingelt, und Rosaleda meint: »Es tut mir so leid. Aber wir mussten die Papiere nach La Plata schicken, Sie wissen ja, Sie sind ein besonderer Fall. Nur zur Kontrolle. Aber dort wird gestreikt. Wenn Sie immer noch am 15. heiraten möchten, brauche ich dringend Kopien.«

Es dauert ein paar Sekunden, bis ich antworten kann.

»Ich will es und werde die Kopien besorgen«, sage ich müde.

Ich brauche nur zwei Stunden, bis ich telefonisch einen Notar finde, der bereit ist, meine Kopien auf die Schnelle zu beglaubigen. Ab morgens um acht Uhr sitze ich im Bus, fahre allein zwei Stunden bis in die Stadt und erledige die restlichen Strecken mit der U-Bahn. Buenos Aires ist nun mal riesig, erstreckt sich heute über 68 Kilometer von Nordwest nach Südost und über etwa 33 Kilometer von der Küste nach Südwesten. Und bei den viel zu vielen Autos braucht man mit Sicherheit vier bis sechs Stunden, um einmal quer durch die Stadt zu kommen. Als ich um neun Uhr abends wieder zu Hause bin, ist alles erledigt. Ich allerdings auch.

Ob es reicht? Rosaleda weiß es nicht.

Am 14. Dezember um 17 Uhr kommt ihr erlösender Anruf.

»Sie können morgen kommen!«

Wir kommen zu sechst.

Luis hat als Trauzeugen seinen besten Freund Yagui ausgesucht, einen stets gut gelaunten 35-jährigen Journalisten, Mitglied der Comunidad von Lourdes, einer Kirchengemeinde. Der wird von Jorge begleitet, dem 70-jährigen weißhaarigen Bruder seiner 2010 leider verstorbenen wundervollen Lehrerin Marta.

Ich habe mich für Gottfried Stein als Trauzeugen entschieden, den Korrespondenten eines deutschen Fernsehsenders. Gottfried, sehr groß, sehr schlaksig, ist ein guter Freund und kommt mit seiner Frau Renate.

In einem himmelblauen Kleid und mit Blumen im Haar werde ich Luis' Frau. Es ist eine kleine Zeremonie, keine 30 Minuten lang.

Zu Hause hat unser Freund Gustavo einen Tisch im Garten aufgebaut. Es gibt einen leckeren Asado, ein Glas Wein, frisches Obst. Doch bevor wir uns mit den Gästen an den Tisch setzen, gehen wir zu unserer kleinen Kapelle. Wir stehen zu zweit dort, still, versunken in einem Gebet. Dann nimmt Luis meine Hand und küsst mich. Ganz innig, ganz lange, so wie damals, als wir uns im Studio zum ersten Mal in den Armen lagen.

»Ich liebe dich, mein Herz«, flüstert er mir ins Ohr. Ich schließe die Augen, schmiege mich fest in seine Arme und denke wie damals vor zehn Jahren: Das sind die Arme, in die ich gehöre!

Und dann lachen und feiern wir mit unseren Freunden. Nach dem Essen holt Luis seine Gitarre. Er hat für mich ein Lied geschrieben, ein Hochzeitslied.

Die Sonne scheint prächtig, ein zarter Sommerwind lässt die Blätter unseres Eukalyptusbaumes rascheln, und es duftet nach Jasmin. Ich höre Luis *Lluvia de fuego* (Feuerregen) und *El Sonido de mi Tierra* (Klang meiner Heimat) singen. Stücke, die er selbst komponiert hat. An seinem Finger blitzt ein goldener Ehering, in den mein Name eingraviert ist. Ich sehe ihn an. Das ist mein Mann! Ich muss mich kneifen, um mein Glück fassen zu können.

EPILOG

Habt ihr Lust, mit mir aufzutreten?« Am Telefon ist Chaqueño Palavecino, der wohl berühmteste Folklore-Sänger Südamerikas. Wenn El Chaqueño Palavecino kommt, strömen Tausende in Stadien und zu Freilichtbühnen. Chaqueño tritt in den traditionellen arabisch anmutenden Pumphosen, den Bombachas, auf, trägt Sombrero, Halstuch und Poncho. Er singt traditionelle Melodien wie Chacareras, Zambas und Vidalas, singt Texte voll Wehmut und Leidenschaft, von Liebe, Gaucho-Träumen und der Faszination seines riesengroßen Kontinents.

Meist reitet er durch die Menschenmenge zur Bühne, begrüßt seine Fans, als wären sie seine Familie, erzählt Witzchen und Anekdoten, umarmt ein Kind, gibt einem Mann einen freundschaftlichen Klaps auf die Schulter. Wo El Chaqueño auftritt, überschlägt sich die Begeisterung. Argentinien liebt diesen Mann. Und jetzt fragt er mich, ob ich dabei sein will! Ich will!

Wir treten zusammen in Cosquín auf, fast 700 Kilometer von Buenos Aires entfernt, auf dem größten Folklore-Festival Argentiniens. Und wirklich, die Stimmung ist unbeschreiblich. Noch nie bin ich vor 25000 Menschen aufgetreten. Luis hat das damals mit »Tango Argentino« oft erlebt. Aber für mich ist es neu und nicht vergleichbar mit Auftritten in den zahllosen stimmungsvollen Theatern, in denen wir normalerweise auf der Bühne stehen.

Ich bin aufgeregt. Wir tanzen zu Chaqueños Hit *Vidala para mi Sombra*. Ich trage ein eng anliegendes schwarzes Kostüm, das wie eine zweite Haut meinen Körper umhüllt. Dazu lange schwarze Handschuhe und eine schwarze Trommel. Luis ist ein Mann aus den Bergen. Ich bin sein Schatten.

Zu zweit gehen wir auf die Bühne. Die Nebelmaschine setzt ein. Das Publikum scheint den Atem anzuhalten. Große Nebelschwaden zaubern eine geheimnisvolle Stimmung. El Chaqueño sieht zu uns herüber. Violinen spielen. Seine Stimme ist klar und intensiv. Luis tanzt von Melancholie, Trauer, der Schönheit der Liebe. Dazu gleitet mein Körper mal vor, mal hinter Luis, wobei jede Bewegung von meinen Trommelschlägen begleitet wird. Schließlich schmiege ich mich an ihn, ganz fest, ganz innig, und lasse mich hinter ihm zu Boden sinken. Stille. Wir haben alles gegeben, und Sekunden nach dem Ende unseres Auftritts erfasst uns der Applaus wie eine riesige Welle. Wir verbeugen uns, und ich bin so dankbar. Dankbar dafür, dass ich hier in der argentinischen Provinz stehen darf und ausgerechnet als Deutsche die Menschen mit meinem Tanz so berühre, dass sie mir frenetisch zujubeln.

Luis und ich, wir stehen Hand in Hand und verbeugen uns vor unserem Publikum. Luis strahlt mich an. Er ist seelisch und körperlich wieder topfit, mehr noch, er ist künstlerisch besser denn je. Seine Krise ist bewältigt. Sie hat ihn weicher gemacht, sensibler. Es geht ihm bestens. Und da ich untrennbar zu ihm gehöre, geht es mir dann auch gut, nein, ebenfalls bestens.

Wir steigen dann von der Bühne herunter und direkt in ein wartendes Auto ein. Langsam fahren wir durch die Menge. Die Menschen stürmen auf uns zu. Kinder werden uns entgegengestreckt, die wir küssen sollen. Männer und Frauen reichen mir Vistenkarten, Stofftäschchen und Fotos ins Auto, damit ich ein Autogramm darauf schreibe. Sie legen ihre Hand auf den Wagen, begleiten uns, fassen mir durch das Fenster ins Haar. Lächeln. »Nicole«, rufen sie. Ich bin gerührt von so viel liebevoller Dankbarkeit, genieße das Bad in der Menge. Es macht mich stolz und zeigt mir, dass ich doch vieles richtig gemacht habe. Es sagt mir, dass ich endlich etwas zurückgeben kann von all dem, was das Land mir bisher geschenkt hat.

Auf dem Rückweg nimmt Luis meine Hand. Eigentlich wären wir gern noch ein bisschen in Cosquín geblieben, zum Abschalten und Träumen. Aber uns fehlt auch jetzt wieder die Zeit. Es ist Sommer, und in wenigen Tagen geht unser Flieger nach Deutschland. Es ist längst nicht mehr eine Reise zu zweit in meine Heimat. Nein, seit einigen Jahren starten wir jeden Herbst in Europa unser großes künstlerisches Abenteuer. Denn wir tanzen nicht mehr nur zu zweit, sondern gehen mit einer großen Tango- und Folklore-Show in ganz Europa auf Tournee. Das erfordert eine perfekte Vorbereitung und Organisation.

Ab Januar haben wir einen engmaschigen Terminkalender. Es beginnt mit dem Casting der Tänzer und Musiker. Ab Februar startet das Training. Luis macht die Choreographie, ich übernehme das Bühnenbild und die Kostüme. Mit sieben bis zehn Tänzern und Musikern trainieren wir den ganzen Sommer über. Ab Herbst haben wir dann Auftritte in über 60 Städten, legen viele Tausend Kilometer im Tourbus zurück. Es ist ein hartes Leben. Wir stehen fast jeden Tag auf der Bühne, haben stressige Reisezeiten, dazwischen immer mal wieder tagelange Schulungsblöcke, bei denen wir bis zu zehn Stunden am Stück unterrichten. Es gibt Presseinterviews, Fernsehauftritte, Radioshows. Selten ist ein Abend frei, selten haben wir Zeit für uns. Aber da wir Tänzer sind, ist das unser Leben.

Ich stelle das Radio an. Sie spielen meinen Lieblingstango *Nada* (Nichts), gesungen von Julio Sosa. Ich summe die Melodie mit. Hinten auf dem Rücksitz liegen sorgfältig geglättet meine beiden Tangokleider. Die unzähligen Pailletten und Strasssteinchen blitzen in der Abendsonne und werfen tanzende Reflexe an den seidigweißen Autohimmel.

Ich blicke entspannt aus dem Fenster. Zahllose Bilder fliegen vorbei. Ich sehe saftige grüne Wiesen, auf denen friedlich die Pferde grasen. Am Horizont zeichnet sich die Silhouette eines dichten Waldes ab, und ich erkenne das riesige Eingangstor einer weiß getünchten Estancia. Wenig später säumen schon einfache Holzbaracken die Straßen, wechseln sich ab mit kleinen Einkaufsmärkten und schlichten Bars. Kinder spielen zwischen alten Autowracks, alte Leute starren gelangweilt aus den Vorgärten, und an den Bushaltestellen warten ganze Familien darauf, nach der Arbeit in den Vorstädten zurück aufs Land zu kommen. In der Ferne tauchen dann die Betonklötze von Buenos Aires auf. Argentinien hat viele Gesichter!

»Sag mal«, meint Luis. »Was hast du eigentlich damals

gedacht, als du das erste Mal nach Buenos Aires gekommen bist?«

Ich sehe ihn überrascht an, lächle: »Aber Liebling, ich habe nichts gedacht. Ich wollte einfach nur Tango tanzen. Das war's!«